智·库·丛·书
（2020年）

重庆开放新高地建设热点问题研究

CHONGQING KAIFANG XIN GAODI JIANSHE
REDIAN WENTI YANJIU

吴家农 何霭先 王济光 等 著

西南师范大学出版社
国家一级出版社 全国百佳图书出版单位

图书在版编目(CIP)数据

重庆开放新高地建设热点问题研究 / 吴家农等著
—重庆：西南师范大学出版社，2020.11
（智库丛书.2020年）
ISBN 978-7-5697-0498-3

Ⅰ.①重… Ⅱ.①吴… Ⅲ.①区域经济发展-研究-重庆 Ⅳ.①F127.719

中国版本图书馆CIP数据核字(2020)第212228号

重庆开放新高地建设热点问题研究

吴家农　何霭先　王济光　等　著

责任编辑：秦　俭
责任校对：杜珍辉
封面设计：岚品视觉 CASTALY
排　　版：杜霖森
出版发行：西南师范大学出版社
　　　　　地址：重庆市北碚区天生路2号
　　　　　邮编：400715
印　　刷：重庆荟文印务有限公司
幅面尺寸：170 mm×240 mm
印　　张：14.25
插　　页：3
字　　数：192千字
版　　次：2020年11月　第1版
印　　次：2020年11月　第1次
书　　号：ISBN 978-7-5697-0498-3
定　　价：58.00元

2020年智库丛书编审组成员

编审组组长：童小平

主 编 审：吴家农

编审组副组长：严晓光　唐青阳　米本家　易小光

编审委员：黄朝永　马明媛　王明瑛　欧阳林
　　　　　张　波　蔡　焘　李　敬　丁　瑶
　　　　　周林军　童昌蓉　江成山　孙凌宇
　　　　　何靖波

目录 CONTENTS

新形势下重庆市建设国家物流枢纽实施方案研究

  一、研究背景与意义 …………………………………… 3

  二、国家物流枢纽的内涵与建设条件 ………………… 9

  三、重庆国家物流枢纽建设的基础条件 ……………… 12

  四、重庆国家物流枢纽建设的优劣势及机遇分析 …… 25

  五、重庆物流市场规模需求分析 ……………………… 31

  六、总体要求 …………………………………………… 39

  七、规划布局研究 ……………………………………… 41

  八、国家物流枢纽建设重点任务 ……………………… 73

  九、国家物流枢纽建设保障措施 ……………………… 86

积极探索铁路提单融资促进重庆陆上贸易发展研究

  一、应运而生的铁路提单融资是重庆建设内陆开放高地独特
    而有前景的创新举措 …………………………… 93

  二、铁路提单融资重庆创新实践的特征解析 ………… 99

三、铁路提单融资具备的必要政策条件与进一步发展的难点和举措 …… 111

附录一:案例 …… 120

附录二:专栏 …… 138

发挥中国(重庆)国际贸易"单一窗口"功能若干问题研究

一、国际贸易"单一窗口":理论、政策与现状 …… 152

二、重庆"单一窗口"主要功能及设计便利化效果 …… 162

三、重庆"单一窗口"应用情况综合评估 …… 178

四、重庆"单一窗口"存在的主要问题分析 …… 185

五、充分发挥重庆"单一窗口"功能的政策建议 …… 192

重庆市开放平台协同发展规划(2018—2020年)

一、开放平台协同发展基础与问题 …… 204

二、总体要求 …… 206

三、开放平台体系功能协同 …… 209

四、国际贸易通关协同 …… 213

五、开放平台政策创新及复制推广 …… 218

六、开放平台监管协同 …… 223

七、规划实施保障 …… 225

新形势下重庆市建设国家物流枢纽实施方案研究

新形势下重庆市建设国家物流枢纽实施方案研究

（2020年5月）

一、研究背景与意义

（一）研究背景

近年来,党中央、国务院高度重视物流业发展工作。党的十九大明确将物流基础设施与铁路、公路、水运、航空、电网等重大基础设施并列;国务院常务会议多次研究部署物流降本增效和创新发展工作。国家物流枢纽建设正是贯彻落实党中央、国务院决策的重要举措。

重庆位于中国西部内陆、长江上游地区,是国家"一带一路"倡议和长江经济带发展战略、西部陆海新通道发展战略在全国独有的联结点,是国家东西互济、海陆统筹重要的战略腹地、战略要地、战略节点,是西部地区唯一具有铁公水空联运条件和江海联运条件的国家中心城市,是中国西部唯一的直辖市。直辖

---

*课题组组长:吴家农。课题组副组长:马明媛、陈笛(主笔)。课题组成员:李小东、吴开波、张勇、王会。

以来,重庆取得了显著的发展成就,紧紧围绕国家中心城市、长江上游地区经济中心、国家重要现代制造业基地、国际型综合交通枢纽和内陆开放高地等国家赋予的定位,充分发挥区位优势、生态优势、产业优势、体制优势,谋划和推动经济社会可持续发展。

2016年1月习近平总书记视察重庆时指出,重庆是西部大开发的重要战略支点,处在"一带一路"和长江经济带的联结点上,在国家区域发展和对外开放格局中具有独特而重要的作用,要求重庆加快建设内陆国际物流枢纽、口岸高地和内陆开放高地。2018年3月全国"两会"期间习近平总书记参加重庆代表团审议时,要求重庆"加快建设内陆开放高地、山清水秀美丽之地,努力推动高质量发展、创造高品质生活"。2019年4月习近平总书记亲临重庆考察,为新时代重庆改革发展导航定向,要求重庆在推进新时代西部大开发中发挥支撑作用、在共建"一带一路"中发挥带动作用、在推进长江经济带绿色发展中发挥示范作用。习近平总书记的指示,为重庆发展指明了前进方向,注入了强大动力。

2018年12月国家发展改革委、交通运输部联合发布的《国家物流枢纽布局和建设规划》提出,国家物流枢纽是物流体系的核心基础设施,是辐射区域更广、聚集效应更强、服务功能更优、运行效率更高的综合性物流枢纽,在全国物流网络中发挥关键节点、重要平台和骨干枢纽的作用。国家物流枢纽分为陆港型、港口型、空港型、生产服务型、商贸服务型和陆上边境口岸型等六种类型。在国家物流枢纽布局承载城市中,重庆市分别为陆港型、港口型、空港型、生产服务型、商贸服务型物流枢纽承载城市,是承载建设物流枢纽类型最多的城市。国家物流枢纽必须拥有强大的转运能力、辐射能力、集散能力等物流服务能力,且具有完备的多式联运运输体系,才能对国家物流发展发挥重要作用。将重庆市纳入五大类型物流枢纽承载城市,体现了重庆市在国家物流交通体系中的重要地位,建设国家物流枢纽将进一步促进重庆国际内陆物流枢纽建设。

为深入贯彻落实《国家物流枢纽布局和建设规划》,积极主动服务国家战略,努力在西部地区带头开放、带动开放,统筹"东南西北、铁水公空"物流资源,高标准打造出海出境大通道,积极构建国家层面的骨干物流基础设施网络,特进行本课题研究。

(二)研究意义

新形势下重庆市建设国家物流枢纽有着重大意义:

1.是全面深度融入"一带一路"的重要举措

党的十九大报告提出,要以"一带一路"建设为重点,形成陆海内外联动、东西双向互济的开放格局。重庆地处内陆城市,不靠边,不靠海,但依托"一带一路"和长江经济带联结点的独特区位优势、西部地区特大城市中唯一的直辖市体制优势、公铁水空综合交通运输优势、"自贸试验区""中新(重庆)互联互通项目"等创新优势,承接大量东部沿海及国际产业转移,形成了以加工贸易为主的外向型产业,其外贸依存度高,站在开放的前沿。重庆建设国家物流枢纽,就是要扩展东西南北、陆水空全方位出海出境大通道,推动构建国家层面的骨干物流基础设施网络,有效发挥物流在衔接供需、活跃市场、优化资源配置等方面的重要作用,提高物流规模化、组织化、体系化运作水平,汇聚物流、资金流、信息流要素,提升区域经济和国际市场服务能力,积极参与共建"一带一路",进一步激活沿线国家和地区发展潜力和活力。

2.是新时代推进西部大开发的重要支撑

强化举措推进西部大开发形成新格局,是党中央、国务院从全局出发,顺应中国特色社会主义进入新时代、区域协调发展进入新阶段的新要求,统筹国内国际两个大局做出的重大决策部署。西部地区拥有全国72%的国土面积、27%的人口、20%的经济总量;2018年西部地区生产总值18.4万亿元,占全国比重20.6%,是我国发展的巨大战略回旋余地,也是我国经济发展的巨大潜力所在。新时代推进西部大开发形成大保护、大开放、高质量发展的新格局,培育经济发展的内生动力,把握"一带一路"和全球化发展机遇,提升对外开放程度,扩展国家战略回旋空间是关键之举措。重庆是西部大开发的重要战略支点。2018年,重庆地区生产总值突破2万亿元,外贸进出口总额突破5000亿元,实际利用外资100亿美元以上,外商直接投资额增长43.8%。重庆通过建设国家物流枢纽,通过西部12省区市合作,可有效带动西部区域基础设施、产业、关检、人文互联互通,"一带一路"、长江经济带和西部陆海新通道建设;促进西部地区发展,拓展新发展空间,推动西部地区走向开放前沿、提升开发开放水平。①

3.是贯彻落实"两点"定位、"两地""两高"目标要求的重要任务

习近平总书记对重庆提出的"两点"定位、"两地""两高"目标和"四个扎实"要求,为重庆发展指明了方向路径,提供了根本遵循,充分体现了总书记对重庆的深切关怀、殷切期望。立足

---

① 本书中数据为作者通过多途径统计所获得,由于获得时间不同,可能与一些发布数据有出入,以作者数据为准。

"两点"、建设"两地"、实现"两高",既是重庆的战略机遇,也是重庆的奋斗目标,重庆应抓住和充分利用好这个机遇。加快把重庆建设成内陆国际物流枢纽是实现总书记对重庆"两点"定位、"两地""两高"目标要求的重要任务,是贯彻落实党的十九大精神的具体行动。重庆建设国家物流枢纽,布局国际物流通道,有利于重庆完善国家中心城市综合功能、提升开放水平、加快内陆开放高地建设,可充分发挥重庆在区域发展和对外开放格局中的重要支撑作用,更好地服务于国家"一带一路"和长江经济带发展大局。

4. 是完善产业发展环境、引领西部地区经济增长的客观要求

物流是国民经济活动的动脉之一,支撑着其他经济活动的运行。现代物流产业在我国经济中具有重要地位,对经济发展有着较大贡献,物流效率高低、成本大小,直接影响着其他经济活动(生产、消费、流通)的效率、成本及实现程度。目前我国经济步入增长速度换挡、产业结构调整的关键期,重庆作为中西部地区唯一的直辖市,应积极发挥在西部大开发、"一带一路"和长江经济带建设中的重要支撑作用,成为西部地区新一轮经济增长的引领者。建设重庆内陆国际物流枢纽,可有效推动重庆市物流业技术创新、业态创新、模式创新,提升物流网络体系和物流服务环境的效能优势、成本优势,完善重庆产业发展环境,提升重庆国际影响力,增强重庆对高端产业、高端企业的吸引力,进一步巩固重庆在西部地区经济发展中的引领作用。

因此,研究本课题,通过对重庆物流枢纽建设基础条件的全面梳理,以及对物流市场需求的准确分析,比照国家对物流枢纽建设的要求,提出符合重庆实际与需要的国家物流枢纽建设方案,对于新形势下重庆的国家物流枢纽建设,无疑具有较高的参考价值和积极的作用。

(三)研究依据

(1)国家发展改革委、交通运输部《关于印发〈国家物流枢纽布局和建设规划〉的通知》(发改经贸〔2018〕1886号);

(2)国家发展改革委、交通运输部《国家物流枢纽网络建设方案(2019—2020年)》(发改经贸〔2019〕578号);

(3)《国家发展改革委关于印发〈西部陆海新通道总体规划〉的通知》(发改基础〔2019〕1333号);

(4)国务院《"十三五"现代综合交通运输体系发展规划》;

(5)中共中央、国务院《交通强国建设纲要》;

(6)《长江经济带发展规划纲要》;

(7)国家发展改革委、住房城乡建设部《成渝城市群发展规划》;

(8)《国务院办公厅关于印发推进运输结构调整三年行动计划(2018—2020年)的通知》(国办发〔2018〕91号);

(9)《交通运输部等九部门贯彻落实国务院办公厅〈推进运输结构调整三年行动计划(2018—2020年)〉的通知》(交运发〔2018〕142号);

(10)《重庆市国民经济和社会发展第十三个五年规划纲要》;

(11)《重庆市现代物流业发展"十三五"规划》;

(12)《重庆市市域物流布局规划(2016—2020年)》;

(13)《重庆市综合货运枢纽发展规划(2017—2035)》;

(14)《重庆市推进运输结构调整三年行动实施方案(2018—

2020年)》;

(15)《重庆市国土空间总体规划(2019—2035年)》(编制中);

(16)《重庆内陆国际物流分拨中心建设方案》;

(17)《重庆市推动制造业高质量发展专项行动方案(2019—2022年)》。

二、国家物流枢纽的内涵与建设条件

(一)国家物流枢纽的内涵

"枢"的本义为门上的转轴,可引申为重要或中心的部分;"纽"本义为器物上可以抓住而提起的部分,可引申为有关全局的关键。枢纽是使地区间联系更加方便、能在一系列起止点之间产生规模经济,使网络输送成本得以降低的节点。

枢纽可以从三个层面来理解:宏观层面(国家或国际层面)、中观层面(区域或市域层面)及微观层面(主城区层面)。国家物流枢纽是宏观层面枢纽,不同于一般的物流园区,国家物流枢纽以发达的综合交通和现代化物流设施为基础,以完备的物流产业链为支撑,以高度开放的政策体系和完善的综合配套环境为保障,是重点强调承担国家物流责任、支撑国民经济运行的重要载体,其公共性、基础性和战略性突出。国家物流枢纽是物流体系的核心基础设施,是辐射区域更广、聚集效应更强、服务功能更优、运行效率更高的综合性物流枢纽,在全国物流设施服务网络中发挥重要节点、重要平台和骨干枢纽的作用。我国的国家物流枢纽建设,一是要服从和服务于"一带一路"建设,服从和服务于京津冀协同发展、长江经济带发展、粤港澳大湾区建设、长三角一体化发展等国家重大发展规划;二是必须功能齐全、设施先进,能提高物流整体运行效率和现代化水平;三是要加强与其他物流枢纽的分工协作和有效衔接,避免同质化竞争、低水平重复建设。

(二)国家物流枢纽规划建设要求

国家物流枢纽规划建设要求:

(1)区位条件良好。传统意义上的区位条件主要是指铁路、公路在本地域贯穿。目前全国地级以上城市基本已贯通铁路和公路,已不具备差别化竞争优势。国家物流枢纽建设要求的"区位"是泛空间结构的区位。区位条件良好,不仅指毗邻机场、铁路场站等重要交通基础设施,还指毗邻产业聚集区,与城市中心的距离位于经济合理的物流半径内,并与城市群分工相匹配。

(2)空间布局集约。空间布局不再是原来大面积占用土地发展物流的概念,而是集约使用土地,以连片集中布局为主,集中设置物流设施,集约利用土地资源。

(3)存量设施优先。以完善提升已建成物流设施的枢纽功能为主,必要情况下可结合区域经济发展需要适当整合、迁移或新建枢纽设施。

(4)开放性和公共性强。具备提供公共物流服务、引导分散资源有序聚集、推动区域物流集约发展等功能,并在满足区域生产生活物流需求中发挥骨干作用。

（5）服务功能完善。具备干线运输、区域分拨功能，以及多式联运转运设施设备和系统集成、互联兼容的公共信息平台等，可根据需要提供通关、保税等国际物流相关服务。

（6）统筹运营管理。由一家企业或多家企业联合主导国家物流枢纽建设、运营和管理，统筹调配物流服务资源，整合对接物流业务，实行统一的安全作业规范。

（7）区域协同联动。鼓励同一承载城市内不同类型的国家物流枢纽加强协同或合并建设，增强综合服务功能；支持京津冀、长三角、珠三角等地区的承载城市在城市群内部开展国家物流枢纽合作共建，实现优势互补。

（三）国家物流枢纽布局特征

根据《国家物流枢纽布局与建设规划》，我们总结出国家物流枢纽布局的主题性、经济性、网络性等特征。

1. 主题性特征

《国家物流枢纽布局与建设规划》"规划建设212个国家物流枢纽，包括41个陆港型、30个港口型、23个空港型、47个生产服务型、55个商贸服务型和16个陆上边境口岸型国家物流枢纽"，基本涵盖了目前全国物流枢纽的各种形态。突出物流枢纽主题的目的是要使其更加精准地发挥优势，积聚资源，提高核心竞争力。

2. 经济性特征

根据《国家物流枢纽布局与建设规划》，国家依据经济总量、产业空间布局、基础设施联通度和人口分布等，统筹考虑重大战略实施、区域经济发展、产业结构优化升级等需要，结合"十纵十

重庆开放新高地建设热点问题研究

横"交通运输通道和国内物流大通道基本格局,选取了127个具备一定基础条件的城市作为国家物流枢纽承载城市。这些城市基本上覆盖了我国主要的经济区域、重点城市群、重要产业走廊和交通通道。

3. 网络性特征

《国家物流枢纽布局与建设规划》综合考虑物流枢纽所在的交通区位条件和产业条件,以8大专业领域为切入点,打造高效专业的物流服务网络,具体包括现代供应链、邮政快递物流、电子商务物流、冷链物流、大宗商品物流、驮背运输、航空物流、应急物流的打造,从而促进国家物流枢纽与区域内的相关产业协同、联动和深度融合,通过集聚发展,形成枢纽经济。

三、重庆国家物流枢纽建设的基础条件

(一)重庆经济社会发展基础

1. 重庆经济发展基础

直辖以来,重庆GDP增速常年保持两位数增长,高于全国平均增速,是近10年来全国经济增速较快的省市之一,为国家经济的高速发展提供了有力支撑。2018年,重庆经济总量突破2万亿元,是继北上广深后国内第5座突破2万亿元的城市;年人均GDP 6.59万元,位居中西部省区市前列。

2.重庆产业结构现状

重庆产业结构日益优化,第二、三产业在整个地区生产总值中的比重持续提高。2018年第一产业增加值1378.27亿元,第二产业增加值8328.79亿元,第三产业增加值10656.13亿元。三次产业结构比由直辖初期的19.1∶40.9∶40.0优化调整为2018年的6.8∶40.9∶52.3。

2018年工业增加值5997.70亿元,较直辖初期增长12倍。重庆以重工业为主,符合重庆作为重工业城市的特征,2018年重庆市轻、重工业总产值比重约20.8∶79.2,约等于1∶3.8,正处于工业化中期阶段,按照国际经济发展经验,这是一个快速发展期。

3.重庆重点产业现状

(1)农业。

重庆农业发展正由"生产导向"转向"消费导向",需求结构、供给模式、经营方式加速变化,产业链朝着多功能、开放式、综合性方向延伸,一、二、三产业跨界融合加快,正成为农村经济新的增长点。结合乡村振兴战略实施,已形成一批具有区域特色的农产品加工基地和产业集群,建成一批以肉禽制品、粮油制品、乳制品、调味制品及休闲食品等为主的农产品体系。2018年农业增加值1405.03亿元,粮食总产量1079.34万吨,猪肉产量132.16万吨、禽蛋41.46万吨、水产品52.96万吨。

(2)制造业领域。

重庆已形成汽车制造业、电子信息产业、装备制造产业、生物医药产业、材料产业、消费品产业、能源工业等"6+1"支柱产业(图1-1)和十大战略性新兴产业格局,其中千亿级产业已形成多个,近10年工业对全市GDP增长的平均贡献率达60%。工业增加值增速连续多年保持高位,发展增速长期高于全国平均水平,为带动全国工业高速增长提供了强力支撑。

未来,重庆将紧紧抓住全球新一轮科技革命和产业变革重大战略机遇,以高质量发展为主题,以供给侧结构性改革为主线,全面优化产业结构,构建良好产业生态,推进现代制造业与服务业融合发展,加快建设成为国家先进制造业重镇。2022年,力争实现全部工业增加值7500亿元,规模以上工业企业总产值28000亿元。到2025年,基本建成链群完整、生态完备、特色明显、发展质量效益显著的国家先进制造业重镇。

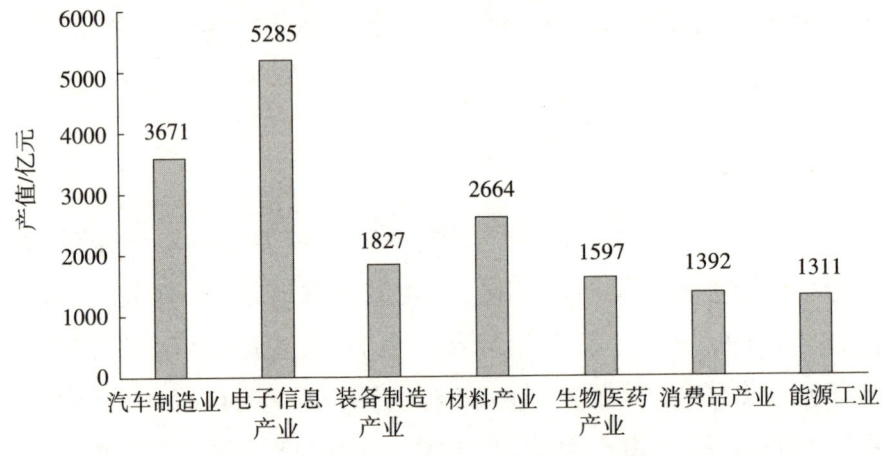

图1-1　2018年重庆"6+1"支柱产业产值

——电子信息产业。已形成全球最大电子信息产业集群,形成"5+6+800"(5家品牌商、6家代工商和800家零部件配套企业)的产业集群。2018年电子信息业产值5285亿元,年产电子终端产品超3亿台(件),位列全国第一。其中生产笔记本电脑5730.23万台,占全球总量的36.3%;生产手机1.9亿台,约占全球总量的11.4%。撬动重庆电子信息产业链超万亿级的产值增长。2022年,电子信息产业预计实现销售收入10000亿元(其中工业部分8000亿元)。

——汽车制造业。已形成国内最大汽车产业集群,形成以长安系为龙头,上汽红岩、上汽通用五菱、东风小康、北京现代、华晨鑫源、庆铃汽车、潍柴嘉川、北方奔驰、恒通客车等整车企业为骨干,上千家配套企业为支撑的优势汽车产业集群。2018年汽车制造业产值3671亿元,汽车产量205.04万辆,约占全国7.3%;摩托车产量395万辆,约占全国25.4%。摩托车出口量全国第一,汽车出口量全国第二,通机出口量占全国50%。2022年预计实现汽车产量超过320万辆,摩托车产量达到450万辆。

——装备制造产业。以大数据智能化引领创新驱动发展,精准施策、精准服务,推动重庆装备制造业实现高质量发展,2018年装备制造业产值1827亿元,到2022年力争实现产值2300亿元。

——材料产业。已初步构建起先进基础材料、关键战略材料和前沿新材料协同发展的格局。2018年材料产业产值2664亿元,到2022年力争实现产值5000亿元。

——消费品产业。聚焦居民消费需求升级和消费行为变化趋势,已初步形成纺织服装、特色轻工消费品产业集群。2018年消费品产业产值1392亿元,到2022年力争实现产值2000亿元。

——生物医药产业。聚焦人民群众对全方位全周期健康服务的迫切需求,已形成生物药、化学创新药及高端仿制药、现代中药及数字医疗器械产业链群。

（3）服务业领域。

重庆拥有中西部地区较为发达的商贸服务业基础,服务业总量规模持续扩张,发展贡献稳步增加,服务业总量突破万亿元大关。2018年服务业增加值10656.13亿元。其对经济增长的贡献显著增强,服务业对GDP的增长贡献率达72.7%,较2015年提高25.2个百分点。规模以上服务业企业实现营业收入3514.15亿元,增速一直保持全国前列。

——商贸流通产业。全市商贸流通体系逐步完善,现代流通方式快速普及,商贸流通产业的基础性和先导性作用不断增强,重庆国际消费中心城市建设规划启动,已基本成为长江上游地区的商贸物流中心和国家级流通节点城市。2018年社会零售额总额实现8769亿元,年均增速10.9%。产业集群效应凸显,建成百亿级商圈13个,百亿级大市场15个,产业集群能力位居西部之首,具有较强的集聚辐射能力。

——现代金融业。银行、证券、保险等传统金融机构分布广泛,要素市场、融资担保公司等新型金融机构加速发展,外资金融机构数量持续增长,在深化跨境金融结算服务、开展跨境双向投融资、增强金融服务功能等金融开放创新方面具有良好的发展基础。全市已建成要素市场14家,形成了3个交易板块、37个交易门类。形成5大结算模式。2018年金融业增加值1942亿元,占GDP比重9.5%,排名稳居全国前五名,集聚金融机构2000家。

——电子商务。重庆电子商务交易额处于西部领先地位。2018年全市网络交易额约11013.3亿元,网络零售额960亿元,均列西部地区前茅。自2016年获批设立跨境电子商务综合试验区以来,跨境电商业务一直保持快速增长,逐渐成为助推外贸增长的新引擎。2018年全市跨境电商进出口及结算额达到

246.6亿元,同比增长43.9%,跨境电子商务发展全国领先。

(二)重庆物流产业发展基本情况

1.物流业总体规模不断扩大

近年来,重庆市现代物流业规模不断扩大,综合实力快速提升,创新能力不断增强,持续走在西部领先行列。2018年物流业增加值1420亿元,占GDP比重达6.97%,占服务业增加值比重达到13.33%;社会物流总费用3140亿元,占GDP比重达15.42%,同比降低约0.2个百分点。

2018年重庆货运量超过12亿吨,同比增长11.2%,在中西部城市中货运需求量最大。全市交通运输、仓储和邮政业增加值995.48亿元,交通运输企业11.2万户,其中:个体经营户9.7万户,企业经营户1.5万户;车辆规模在100台以上企业500多户;营业收入百亿级物流企业1家,十亿级物流企业11家,亿级(指1亿至9亿级)物流企业70家。

货物运输周转量3593.6亿吨公里,货物平均运输距离281公里,高于成都、西安等西部城市(见图1-2)。全年内河港口完成货物吞吐量20376.47万吨,排名全国内河港第五。空港完成货物吞吐量38.44万吨,其中航空国际货邮吞吐量14.74万吨,位居西部第一。

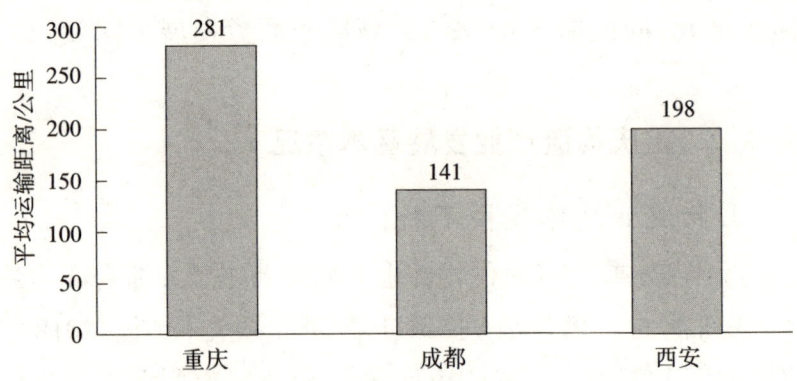

图1-2　重庆、成都、西安货物平均运输距离对比图

全市货运量结构以公路运输为主、水路运输为辅。公路货运量107064万吨，占全市货运总量的83.5%；水路货运量19451.95万吨，占全市货运总量的15.2%；铁路货运量1705.26万吨，占全市货运总量的1.3%。[①] 国际物流量819.3万吨，进出口集装箱（重箱）53.7万标箱，同比增长4.9%。

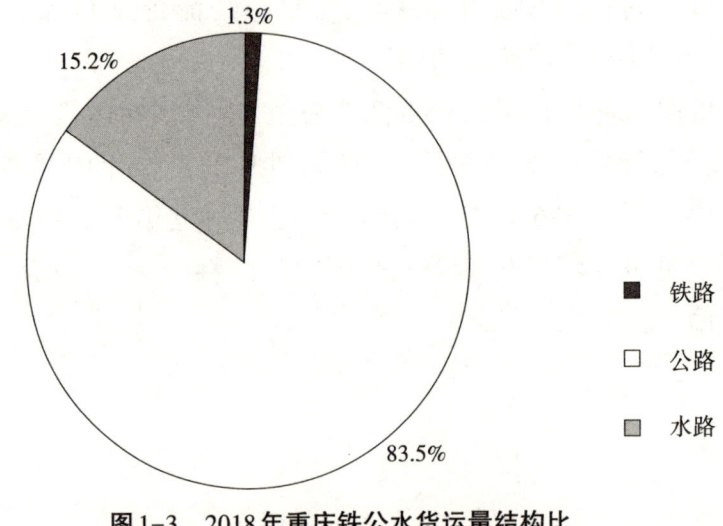

图1-3　2018年重庆铁公水货运量结构比

---

① 此处未计入航空货运量，是因为相比其他运输途径其数量过少，故未统计。

2.出海出境大通道构架基本形成

目前,重庆已初步建成以重庆为中心,立足西部、辐射全国,东南西北四个方向互联互通、铁公水空多式联运的国际物流大通道。

"东向大通道"依托长江黄金水道、渝甬沿江铁海联运国际班列等,以果园港、重庆国际物流枢纽园区(团结村)为起点,积极融入长江经济带,并通过上海、宁波等港口与全球市场连通,是重庆国际物流通道的"主动脉"。以水运为主,经长江黄金水道到上海港出海,主要辐射欧美、日韩、大洋洲等市场,2018年完成货运量19452万吨,同比增长5.1%,水运装箱吞吐量117万标箱,其进出口货运量占全市进出口货运总量90%左右。以渝甬沿江铁海联运班列为辅,主要辐射日韩、北美等地,2018年完成铁海联运集装箱1.67万标箱。

"西向大通道"主要依托中欧班列(重庆),该班列是全国中欧班列中开行时间最早、班次数量最多、运输货值最大、辐射范围最广、带动能力最强的班列,成为国家"一带一路"倡议的先行者,是重庆市国际物流通道的"重头戏"。2018年中欧班列(重庆)共开行1442班,进出口货运量12万标箱。新增开重庆—明斯克、重庆—汉堡、重庆—德黑兰等线路,运营线路达到20条,班列开行频率从2017年的12班/周提高到30班/周以上,境外集结点和分拨点涵盖11个国家30多个城市,境外分拨点超过40个。2018年,中欧班列(重庆)的进口运邮测试成功,并实现常态化运营。截至2019年底,中欧班列(重庆)累计开行已超过4500班。

"南向大通道"是重庆市国际物流通道的"生力军"。"南向大通道"即国际陆海贸易新通道(简称"陆海新通道")。2018年陆海新通道"渝黔桂新"铁海联运班列开行609班,完成运输3.12万标箱;重庆—东盟跨境公路班车发车505车次,完成运输3266吨;国际铁路联运(重庆—河内)班列开行55班,完成运输896标箱。铁海联运和跨境公路运输实现"天天班",三条线路均实现常态化双向对开,并与中欧班列(重庆)有机衔接。

"北向大通道"主要依托"渝满俄"班列,经满洲里口岸出境,最终到达莫斯科。2018年开行班列223班,完成运输1.8万标箱,已实现常态化运营。

——空中,江北国际机场已成为国内第九大机场,通道基本覆盖全球主要经济体。以重庆江北机场为起点,2018年,江北国际机场开通航线总数329条,其中国内航线247条,国际(地区)航线82条,旅客吞吐量4287.5万人次,通航五大洲26个国家61个城市,形成了覆盖全球的航空网络,构建起重庆与世界互联互通的空中桥梁。

(三)全市物流基础设施发展情况

1.物流枢纽网络体系基本形成

重庆作为国家综合交通运输枢纽,立体综合交通基础设施网络基本形成,枢纽功能和物流节点承载能力显著增强。按照差异化、分层次、有特色的原则,分步实施,滚动推进,着力打造以3个枢纽型物流园区、12个节点型物流园区、N个配送型物流园区为主体的"3+12+N"市域物流园区网络体系,推动重点物流企业和项目向园区集中、物流要素加快向园区集聚。尤其重庆国际物流枢纽园区、果园港物流园、重庆航空物流园、重庆公路物流基地"1+3"国际物流分拨基地,有效整合铁、水、空3大交通枢纽，3大保税区、3大一类口岸，形成"三个三合一"格局，有效降低了物流成本，提高了物流效率。截至目前，全市规划建设物流园区65个，其中"3+12"物流园区规划面积182平方公里，总投资5200余亿元，2018年完成投资137亿元，累计完成投资1856亿元；新建成仓储建筑面积89万平方米，累计建成仓储建筑面积876万平方米；2018年各园区营业收入达到1326亿元，缴纳税费32亿元。

2. 物流仓储设施规模不断扩大

目前，全市仓储企业约1400家，吸纳就业人数约12万人。仓储业实现增加值127.7亿元，仓储总量约1500万平方米。仓储面积达100万平方米的主要有产业集中度高和物流园区发展良好的沙坪坝区、九龙坡区、江津区、巴南区、渝北区、两江新区等区域，其仓储面积占全市总仓储面积的60%以上。全市冷库库容达到150万吨，主城区冷库库容占全市冷库库容的60%左右。超大型冷库主要有重庆西部国际涉农物流园（重庆明品福物流有限责任公司，储量28万吨）、大渡口万吨冷储（重庆万吨冷储物流有限公司，储量10万吨）和港城工业园（凯尔国际冷链物流发展有限公司，储量10万吨），合计约占全市冷库规模的32%。重庆雪峰冷藏物流有限公司、重庆友生活冷链物流有限公司、重庆农投恒天冷链物流有限公司、重庆明品福物流有限责任公司等4家企业入围全国冷链物流百强企业。医药仓储总面积约120万平方米，其中现代标准化仓储约70万平方米，重庆医药物流、九州通物流成为发展现代医药物流的佼佼者。快速流通型仓储加快发展，京东、菜鸟、顺丰、永辉、安得等仓储设施投用并取得市场高度认可。国际物流仓储设施加快发展，可开展海关作业的区域合计达到21个，主体服务功能为物流仓储，目标市场主要为重庆全域物流企业等。

(四)重庆交通基础设施条件

重庆已形成具有水、陆、空交通条件的立体综合交通基础设施网络。长期以来,重庆综合交通网平均密度及公路网、铁路网、内河航运网密度均居西部第一。截至2018年,全市已建成"一枢纽十干线"2371公里的铁路网,基本建成"三环十二射"3096公里的高速公路网,"一干两支"为骨干的1400公里高等级航运网;"4+9"现代港口体系加快建设,5000吨级单船和万吨级船队可直达主城;铁路和航空物流枢纽功能不断增强,到2030年将形成衔接18条干线铁路的特大型铁路枢纽,构建起"米"字形对外高速铁路大通道,成为国家综合性铁路枢纽。江北机场已开通国际(地区)货运航线14条,基本构建起重庆至欧洲、北美、中亚、东南亚等地较为完善的货运航线网络。

1. 出海出境大通道构架基本形成

重庆依托高速铁路、高速公路、长江黄金水道等交通运输主体,融入全国交通网络,形成9条对外物流通道体系。

(1)西北向的中欧班列(重庆)国际物流大通道。通过襄渝铁路、兰渝铁路以及兰海高速等,连通欧洲、中亚、西亚等地区。

(2)南向的陆海新通道。依托川黔铁路、渝黔铁路及兰海高速、包茂高速等,形成陆海新通道,连通东盟地区,实现"一带"与"一路"的有机衔接。

(3)东向的渝汉沪通道。通过渝利铁路、襄渝铁路、万利铁路、沪渝高速、沪蓉高速以及长江航道等,连通长江经济带沿线城市并借道出海。

（4）东南向的渝深通道。通过渝怀铁路、包茂高速等，连通广州、深圳，并借道出海。

（5）西向的渝蓉藏通道。通过成渝铁路、渝遂铁路、成渝地区环线高速公路、成渝高速、银昆高速、广泸高速、沪蓉高速等，连通成都、拉萨等城市，并借道出境。

（6）北向的"渝满俄"国际大通道。从重庆出发，经襄渝铁路、达万铁路等，由满洲里口岸出境的"渝满俄"国际铁路联运通道，连通俄罗斯及中东欧。

（7）渝郑京通道。通过包茂高速、沪渝高速、沪蓉高速等，连通郑州、北京等城市。

（8）渝湘闽通道。依托渝怀铁路、包茂高速等，连接长沙、厦门等城市。

（9）西南向的渝昆缅国际物流大通道。依托渝黔铁路、成渝地区环线高速公路等，连接昆明，并借道瑞丽出境，连通印度洋。

2.铁路运输网络体系加快完善

重庆依托兰渝、渝遂、渝利、渝昆、襄渝、渝怀、成渝、渝黔、川黔等9条对外干线铁路，全面融入国家"八纵八横"的高速铁路网[①]，成为国内、国际重要的交通枢纽，与全国乃至世界的联系更加便捷。截至2018年底，全市铁路营运里程达到2371公里，形成"一枢纽十干线两支线"铁路网络格局。开通重庆至上海、广州、深圳、宁波等沿海港口的货运五定班列和中欧班列(重庆)、西部陆海新通道、渝甬沿江铁海联运国际班列等，实现了铁海联运、国际直达，为"重庆制造"走向世界创造了更加便利的条件。

[①]贯通重庆的3条纵线为包(银)海通道(包头—海口)、京昆通道(北京—昆明)、兰广通道(兰州—广州)，2条横线为沿江通道(上海—成都)、厦渝通道(厦门—重庆)。

3. 高速公路网络体系逐步健全

重庆依托G65包茂高速、G50沪渝高速、G50S沪渝南线高速、G69银百高速、G85银昆高速等7条国家高等级高速公路,全面融入国家"7条首都放射线、12条北南纵线、18条东西横线"高速公路网,成为国内、国际重要的交通枢纽,与全国乃至世界的联系更加便捷。高速公路网络进一步完善,"4小时重庆"全面实现。截至2018年底,全市高速公路通车里程达到3096公里,公路路网密度191公里/百平方公里,基本形成"三环十二射多联线"高速公路网络,省际出口增至19个,全面实现"4小时重庆"的目标,大大缩短了重庆与四川、贵州、湖北、湖南、甘肃、宁夏等区域之间的时空距离,以内环高速、绕城高速为代表的交通主干线成为城市功能分区的重要依据,大批商贸物流基地、工业园区、现代服务业集聚在高速公路出入口,形成了独具特色的"道口经济",交通运输"先行官"作用得到充分体现。

4. 长江上游航运中心初具雏形

重庆港跻身长江亿吨大港之列,成为内陆最大港口。截至2018年底,基本形成"一干两支"航道体系与枢纽型、专业化港口集群,全市四级及以上航道里程达到1400公里。船舶总运力达到666万载重吨,港口货运设计通过能力达2.7亿吨、集装箱506万标准箱,实际实现港口货物吞吐量1.97亿吨、集装箱吞吐量129万标准箱,果园、珞璜、龙头、新田等四大枢纽港区已初步形成。航运快速发展带动港口、园区和城市发展,长江沿线集聚了全市约95%以上的汽车、摩托车、化工、冶金、机械制造、电力、造纸等企业,促进了沿江产业带蓬勃发展。

5.机场门户枢纽功能不断增强

重庆航空枢纽全面形成,"一大四小"机场格局正在形成。"一大四小"机场指重庆江北国际机场、巫山机场、武隆机场、万州机场和黔江机场。2018年,江北国际机场开通航线总数329条,通航城市203个,其中国内航线247条,通航城市142个;国际及地区航线82条,通航城市61个,直飞航线73条。形成了覆盖全球的航空网络,是国内第五个实施72小时过境免签的机场,对外开放门户枢纽功能显著增强。全市通过空运出港的货物主要是电子器材、高档服饰、生鲜产品等高附加值以及对实效性要求高的商品。

四、重庆国家物流枢纽建设的优劣势及机遇分析

(一)重庆国家物流枢纽建设的优势

1.独特的区位条件

重庆承东启西、牵引南北、通江达海。近年来,随着长江黄金水道、中欧班列(重庆)国际物流大通道、西部陆海新通道等出境出海大通道建设加快推进,重庆交通条件不断改善,向东沿长江出海可连接亚太经济圈,向西通过中欧铁路大通道、向北经"渝满俄"通道可连接欧洲经济圈,向南通过西部陆海新通道经广西和云南可连接南亚、东南亚、印度洋等,使重庆对外开放的区位优势更加彰显。

2. 优越的多式联运发展条件

重庆是西部唯一的集铁、公、水、空运输方式于一体的特大城市,多式联运是重庆通道建设的一大特色和优势。近年来,重庆不断完善交通基础设施,依托长江黄金水道、高速公路、铁路网及航空网络,构建"四个三合一"开放平台功能,加快推进国际物流大通道建设,初步形成了覆盖铁、空、水、公多种运输方式的国际物流运输体系。

3. 交通基础设施条件正加快完善

近年来,重庆交通基础设施正加快完善,重庆成为交通强国建设第一批试点城市。截至2018年,重庆已建成"一枢纽十干线"2371公里的铁路网,重庆东站、渝湘高铁重庆主城至黔江段开工建设,郑万高铁等近800公里在建铁路稳步实施,渝万、渝西、渝昆等高铁前期工作有力推进。基本建成"三环十二射"3096公里高速公路网,巫溪至镇坪、巫山至大昌、合川至璧山至江津、大足至内江、渝广支线、万州环线和云阳至龙缸7个项目287公里开工建设,城口至开州等11个续建项目804公里提速推进,1000多公里项目前期工作基本完成。"一干两支"为骨干的1400公里高等级航道已形成,"4+9"现代港口体系加快建设,长江涪陵至朝天门段4.5米水深航道整治工可(工程可行性研究)报告通过审查,嘉陵江利泽航运枢纽初设(初步设计方案)完成批复,涪江潼南航电枢纽工程全面建成投运;主城果园等枢纽港后续工程加快实施,忠县新生等重点港开工建设,全市重点港口货物和集装箱吞吐能力分别达到2.1亿吨、480万标箱;全市仓储企业约1400家,仓储业实现增加值127.7亿元,仓储面积约1500万平方米。全市冷库库容达到150万吨。

4. 开放平台体系较为健全

重庆市已形成以两江新区、中国(重庆)自由贸易试验区、中新(重庆)战略性互联互通示范项目为引领,保税港区、综合保税区、开发区等各类开放平台互补互促的"1+2+7+8"的开放平台体系,进口商品指定口岸较齐全,开放功能日趋完善。

5. 综合服务能力正大幅提升

近年来,随着重庆内陆国际物流分拨中心的建设,以及物流基础设施的不断完善,货物集散转运、仓储配送、装卸搬运、加工集拼等基础服务能力不断增强,与制造、商贸等产业融合发展趋势日益明显,物流要素加速向枢纽聚集,以平台整合、供应链融合为特征的新业态新模式加快发展,交易撮合、金融结算等增值服务功能不断拓展,物流枢纽的价值创造能力进一步增强。

(二)重庆国家物流枢纽建设的劣势

1. 出海出境主通道通而不畅

干线铁路建设滞后,货运能力难以释放,制约了铁路通道作用的发挥。重庆铁路在中西部地区的地位弱于成都、郑州和武汉(重庆铁路段属于成都铁路局管辖范围),货运发运班列少于成都、郑州、武汉等;既有干线铁路技术标准偏低,运输效率不高,成渝线、渝怀线、川黔线、襄渝线等干线铁路技术标准偏低,运能趋近饱和;重庆至昆明、重庆至柳州铁路尚未开建,导致重庆出海国际物流通道铁路迂回绕行;中欧班列(重庆)、"渝黔桂新"铁海联运班列双向开行,但货源进出不平衡现象突出。水运方面,受三峡大坝制约,重庆与武汉之间的区域有部分货物选择通过公路运输至武汉,再通过长江水运运输,重庆水运的对外辐射能力呈减弱趋势。航空方面,国际航线总量偏少,主基地航空公司规模不大。至2019年上半年,重庆机场共开通85条国际航线,低于成都;国际及地区货运航线数量远低于上海,与周边的成都、郑州相比,也有较大差距,直接影响到重庆国际航空的竞争力。

2. 多式联运衔接不顺畅

重庆铁、公、水、空等衔接不畅,综合货运物流枢纽布局不尽合理,产业园区、物流园区、大型港口等微循环系统建设有所滞后,如龙头、新田等枢纽港区进港铁路尚处于前期工作阶段,"最先一公里""最后一公里"尚未完全解决,综合交通组合优势未能充分发挥。多式联运"一单到底"推行困难。由于不同运输方式在市场组织、业务管理、票据单证等方面的规则不一致,造成多式联运经营人不得不依据不同运输方式设定不同合同、分段管理,无形中提高了管理成本,制约了多式联运发展。铁路口岸无肉类、粮食、水果等指定口岸,货物到达后需转运至寸滩、机场等指定口岸查验,转运成本高;再者内陆口岸转口、过境、国际多式联运货物(如粮食、水果、肉类、二手车等)的检验检疫办法有待进一步明确。海运集装箱的验箱、修箱、提还箱、冷藏箱、罐箱、超高箱、开顶箱作业等服务功能还有待完善,无专用的货船公司海运集装箱堆场、拆拼箱场地。

3. 物流产业发展方式粗放

目前,重庆物流基础设施水平处于全国较高水平,但资源整合不充分,部分物流园区存在同质化竞争、低水平重复建设问题,内部缺乏有效分工,集聚和配置资源要素的作用没有充分发挥。发展方式较为粗放,一些已建成物流园区经营方式落后、功能单一,无法开展多式联运;有的物流园区盲目扩大占地面积,物流基础设施投入不足,服务质量有待提高。

4.物流综合成本较高

由于重庆地势高差较大,高速公路、港口码头、铁路建设费用较高,建设周期长,导致路桥费、码头作业费、航空运输费等各项费用普遍较高。以水运为例,由于人工成本高,叠加三峡过闸因素,重庆市水运集装箱出口综合费用高达817美元/箱,比世界银行公布的我国集装箱出口平均成本569美元/箱高43.59%。

(三)重庆国家物流枢纽建设的机遇

1.加快建设内陆开放高地机遇

重庆是西部大开发的重要战略支点,处在"一带一路"和长江经济带的联结点上,是中西部地区唯一的直辖市、国家重要的中心城市之一。全面融入共建"一带一路"、加快建设内陆开放高地,是习近平总书记对重庆的殷切希望,是党中央赋予重庆的重大使命和任务,也是重庆的重大机遇和责任。近年来,中欧班列(重庆)、西部陆海新通道以及长江经济带的建设发展,不断提升重庆在"一带一路"开放合作中的参与度和影响力,为重庆物流业的发展带来了新的机遇。

2.区域一体化发展战略机遇

近年来,重庆积极参与共建"一带一路",加强与西部省区及新加坡等东盟国家的经贸合作,以重庆为中心的经济圈正向周围不断扩展。重庆与四川正在推动区域一体化发展的战略,自2016年《成渝城市群发展规划》出台后,重庆与四川一体化发展的步伐增快,推动了其在更高层次、更宽领域的战略合作交流,实现优势互补、要素互通。2020年,成渝地区双城经济圈已经上升为国家发展战略,未来成渝两地间一体化融合发展将加快。

2019年8月,国家发展改革委发布《西部陆海新通道总体规划》,规划的实施是深化陆海双向开放、推进西部大开发形成新格局的重要举措。目前,重庆已与西部11个省区、海南省及广东省湛江市签署了《合作共建西部陆海新通道框架协议》,为区域一体化发展提供有力支撑。未来,以重庆为枢纽的运输网络、经济圈将进一步扩大,为物流产业发展提供更广空间。

3. 中国(重庆)自由贸易试验区建设机遇

中国(重庆)自由贸易试验区建设将会放大重庆的战略区位优势,成为重庆打造内陆开放高地的重要支撑,助力重庆在"一带一路"建设中发挥纽带和桥梁作用,为重庆加快发展铁海多式联运、探索陆上贸易规则、推进国际贸易"单一窗口"发展、提升国际物流中转效率、打造国际物流枢纽等提供重要机遇。

4. 中新战略合作机遇

中新政府间第三个合作项目以"现代互联互通和现代服务经济"为主题,在中国西部地区打造全球领先的互联互通枢纽,将进一步带动重庆外向型经济发展,同时为物流业开展国际合作提供机遇。

(四)重庆国家物流枢纽建设面临的挑战

1. 竞争激烈

成都、西安、郑州、武汉等城市均在建设国家物流枢纽,在争夺物流资源方面竞争激烈,此外,湖北鄂州顺丰机场以及陕西西安鄠邑区货运机场的建设都将对重庆航空货运产业发展形成一定冲击。

2. 长江黄金水道仍然存在明显的瓶颈制约

重庆外贸货物90%通过长江水运,但是水路运输耗时长,特别是近年来受三峡船闸瓶颈因素制约,单向运输有时长达一个多月。船闸拥堵常态化,严重制约了东向国际物流通道效能的发挥。

3. 重庆经济社会发展逐渐进入转型升级的阵痛期

近年来,重庆市经济总量虽然继续保持增长态势,但经济增速逐年放缓,经济发展步入新常态,增长速度换挡期、结构调整阵痛期、前期刺激政策消化期"三期叠加"的压力持续加大,多重困难和挑战相互交织,同时重庆物流业也面临转型升级的新挑战。

综上分析,重庆建设国家物流枢纽的机遇大于挑战,优势大于劣势。因此,加快推进国家物流枢纽建设,对支撑建设内陆开放高地意义重大。

五、重庆物流市场规模需求分析

物流需求分析采用定性和定量相结合的方法。首先通过分析重庆产业结构发展趋势与规划,结合西部地区产业发展基础,预判未来重庆经济发展态势;其次结合《重庆市综合货运枢纽发展规划(2017—2035)》及重庆经济发展态势,预测物流量,以此支撑国家物流枢纽布局建设。

(一)物流需求产业基础分析

1.重庆市产业基础

(1)农业产业基础。根据《重庆市农业农村发展"十三五"规划》,到2020年农业总产值和增加值分别达到2200亿元和1420亿元。预计到2035年,农业总产值和增加值将分别达到4574亿元和2557亿元。

(2)工业产业基础。根据《重庆市推动制造业高质量发展专项行动方案(2019—2022年)》,到2022年,重庆将力争实现工业增加值7500亿元,规模以上企业工业总产值28000亿元。预计到2035年,工业增加值将达到15508亿元。

(3)商贸流通业基础。根据《重庆市现代服务业发展计划(2019—2022年)》,到2022年,服务业增加值达到14000亿元,年均增长7%;交通运输、仓储和邮政业增加值达到1400亿元。预计到2035年,服务业增加值将达到38557亿元,物流业增加值将达到5178亿元。

2.西部地区产业基础

中国西部地区包括西南五省区市(四川、云南、贵州、西藏、重庆)、西北五省区(陕西、甘肃、青海、新疆、宁夏)和内蒙古、广西,共12个省区市,总面积约686万平方公里,约占全国总面积的72%。人口总数约为3.8亿人,占全国总人口的29%左右。西部地区矿产资源优势比较突出,其是我国重要的战略性能源接替基地。西部省区市支柱产业以装备制造、汽摩、化工、能源、钢铁、矿石等产业为主。2018年,西部地区12省区市GDP为184302.11亿元,占全国GDP的20.47%。重庆在西部大开发中发挥着重要支撑作用,2018年GDP为20363.19亿元,占西部地区

GDP 的 11.05%。从西部地区的产业结构及支柱产业的特点来看,其货物运输比较适合铁海联运。

3. 国际市场基础

(1)重庆国际市场基础。

"一带一路"涵盖了南亚、东南亚、西亚、北非、中东欧等地区,覆盖人口约46亿人(超过世界人口60%),GDP总量达20万亿美元(约占全球的1/3),将形成全球第三大贸易轴心,而中国将起到关键作用。重庆积极参与"一带一路"建设,近三年来,重庆对"一带一路"沿线国家和地区进出口额均保持在1100亿元以上规模,拉动整体进出口增长约21.9%。

2018年重庆货物进出口总额5222.62亿元。考虑重庆对东盟、欧洲各国进出口额相关数据的可获得性,本次分析重庆国际市场以2017年数据为基数。2017年重庆货物进出口总额为4508.25亿元,重庆对欧洲和东盟进出口总额约1700.83亿元,占全市外贸总值的37.73%。其中对欧洲的进出口额为906.56亿元,对东盟的进出口额为794.27亿元,同比分别增长18.6%、8.9%。预计未来十年,重庆对"一带一路"沿线国家和地区出口规模占比有望提升至其全部出口的1/3左右。"一带一路"沿线国家和地区将成为重庆乃至中国的主要贸易和投资伙伴。

——重庆对欧洲进出口基本情况

2017年重庆货物进出口总额为4508.25亿元,对欧洲进出口额为906.56亿元,占比20.11%。其中,重庆对欧洲进出口主要国家为德国、荷兰、英国、俄罗斯、法国,其共占重庆对欧洲进出口总额的73.18%。(见表1-1)

表1-1　2017年重庆对欧洲进出口基本情况

国别（地区）	指标			
	进出口总额/亿元	占重庆进出口总额比	出口总额/亿元	进口总额/亿元
欧洲	906.56	20.11%	758.55	148.01
德国	419.16	9.30%	363.96	55.20
荷兰	96.43	2.14%	83.29	13.14
英国	55.79	1.24%	43.07	12.72
俄罗斯	40.84	0.91%	36.78	4.06
法国	51.18	1.14%	45.68	5.50
重庆进出口总额	4508.25		2883.71	1624.54

注：表中数据为作者通过多口径获得，与《重庆市统计年鉴》《2017年重庆市国民经济和社会发展年度公报》等数据有出入

——重庆对东盟进出口分析

2017年重庆对东盟进出口额为794.27亿元，占当年重庆货物进出口总额的17.62%。重庆对东盟进出口主要国家为马来西亚、新加坡、越南、菲律宾、印尼和泰国，这些国家共占重庆对东盟进出口总额的97.18%，而重庆对文莱、老挝、缅甸和柬埔寨四国的进出口额占比不到3%。（见表1-2）

（2）西部12省区市国际市场基础。

西部地区重庆、广西、四川、贵州、云南、陕西、甘肃、青海、宁夏、新疆、内蒙古、西藏等12个省区市中，重庆市货物进出口总额位居前列，其他对外货物进出口额较大的省区主要有四川、广西、陕西、云南等。考虑重庆对东盟、欧洲各国进出口额相关数据的可获得性，本次分析西部12省区市国际市场以2017年数据为基数进行分析。2017年，西部地区货物进出口总额约21374亿元，占全国货物进出口总额的7.7%，具有很大的发展潜

力空间。其中重庆、四川、广西、陕西、云南等5个省区市对外货物进出口总额17274.09亿元,占到西部12省区市进出口总额的80.82%。因此,本次主要分析重庆、四川、广西、陕西、云南等5个省区市与其主要贸易伙伴东盟、欧盟、韩国以及日本等的贸易情况(见表1-3),5个省区市对东盟、欧盟、韩国以及日本的贸易总额为7945.13亿元,占到其对外贸易总额的45.99%。贸易额大,意味着物流市场需求也大。

表1-2 2017年重庆对东盟进出口基本情况

国别(地区)	进出口总额/亿元	占重庆进出口总额比	出口总额/亿元	总额/亿元
东盟	794.27	17.62%	318.61	475.66
马来西亚	237.04	5.26%	77.47	159.57
新加坡	83.30	1.85%	59.09	24.21
越南	123.37	2.74%	35.40	87.97
菲律宾	81.55	1.81%	34.95	46.60
印尼	69.05	1.53%	52.02	17.02
泰国	177.60	3.94%	37.59	140.01
文莱	0.32	0.01%	0.32	0.00
老挝	1.65	0.04%	1.65	0.00
缅甸	17.17	0.38%	16.95	0.22
柬埔寨	3.22	0.07%	3.16	0.06
重庆进出口总额	4508.25		2883.71	1624.54

注:表中数据为作者通过多口径获得,与《重庆市统计年鉴》《2017年重庆市国民经济和社会发展年度公报》等数据有出入

表1-3 2017年西部5个省区市对外进出口情况统计表

省区市	对外进出口总额/亿元	东盟 2017年/亿元	东盟 同比增长	欧盟 2017年/亿元	欧盟 同比增长	韩国 2017年/亿元	韩国 同比增长	日本 2017年/亿元	日本 同比增长	合计/亿元	占该省市贸易总额百分比
重庆	4508.25	794.27	8.90%	844.10	18.60%	364.30	25.90%	—	—	2002.60	44.42%
广西	3866.34	1893.90	3.70%	143.60	49.00%	—	—	—	—	2037.50	52.70%
四川	4605.90	898.40	94.20%	780.00	52.90%	281.20	69.30%	338.70	53.40%	2298.30	49.90%
云南	1578.70	884.70	13.00%	65.60	0%	—	—	—	—	950.30	60.20%
陕西	2714.90	—	—	—	—	499.32	43.80%	157.11	25.80%	656.43	24.18%
合计	17274.09	—	—	—	—	—	—	—	—	7945.13	—

注：表中数据为作者通过多口径获得，与《重庆市统计年鉴》《2017年重庆市国民经济和社会发展年度公报》等数据有出入

(二)物流市场需求

1.重庆市域内物流市场需求

根据《重庆市人民政府办公厅关于印发重庆内陆国际物流分拨中心建设方案的通知》(渝府办发〔2018〕168号)，到2020年全年货运量将达15亿吨以上，集装箱吞吐量将达200万标箱以上，港口集装箱年吞吐量将达160万标箱以上。中欧班列(重庆)年度开行量继续保持领先地位，市外货物占比将达60%以上。外贸货运量占比将稳定在70%以上。航空货邮吞吐量将在50万吨以上，其中国际货邮量占比达40%，重庆周边地区货物占比达15%。

根据《重庆市综合货运枢纽发展规划(2017—2035)》，到2035年重庆地区货运量为27亿吨，其中大都市区货运量22.2亿

吨、渝东北地区货运量4.3亿吨、渝东南地区货运量0.5亿吨。铁路比重提高到5.9%,即铁路货运量达到15930万吨。

2.重庆腹地物流市场需求

根据重庆市区位交通条件以及未来重庆对外通道体系规划,经重庆市中转的国际货物主要为长江中下游地区(湖北、湖南、江西、江苏、浙江、安徽、上海等)与中欧班列(重庆)沿线国家的进出口货物,西南地区(云南、贵州、四川)经重庆长江水运码头转海运的进出口货物,以及西北地区(新疆、甘肃、宁夏、陕西、青海)与东南亚国家经西部出海出境大通道运输的货物。以2017年外贸进出口额为基数,根据各省区市近年外贸出口额的增速,我们预测2020年重庆枢纽辐射区域内各省区市外贸进出口额如表1-4。

表1-4 2020年重庆枢纽辐射区域内各省区市外贸进出口额

区域	省、自治区、直辖市	2017年进出口额/亿元	年均增长率	2020年预测值/亿元
长江中下游地区	湖北	3134.3	7%	3840
	湖南	2434.3	8%	3067
	江西	3020	5%	3496
	安徽	3621.7	5%	4193
	浙江	25604	3%	27978
	江苏	40022.1	2%	42472
	上海	79211.4	4%	89102
西北地区	新疆	1394.9	5%	1615
	甘肃	341.7	5%	396
	青海	44.42	5%	51
	陕西	2714.9	10%	3614
	宁夏	341.3	12%	480

续表

区域	省、自治区、直辖市	2017年进出口额/亿元	年均增长率	2020年预测值/亿元
西南地区	四川	4605.9	3%	5033
	云南	1578.7	2%	1676
	贵州	548.8	4%	617

注：表中数据为作者通过多口径获得，与各地相关数据公报可能有出入

根据重庆市进出口额与进出口货运量关系（2017年，重庆海关监管货运量882.44万吨，货值563.99亿美元，外贸进出口总额与货物生成量系数按照1.56吨/万美元），以及阿拉山口海关统计数据（2017年阿拉山口海关监管进出口货运量1655.68万吨，进出口贸易额726.09亿元，外贸进出口总额与货物生成量系数按照2.28吨/万美元），本次测算每亿元进出口额的商品货运量取两者平均数，则外贸进出口总额与货物生成量系数按照1.92吨/万美元，得到重庆辐射区域的进出口货运量，经测算，到2035年该区域外贸货运量可达628401万吨（见表1-5），按照15%在重庆周转计，则该区域在重庆周转外贸货运量约9亿吨。

表1-5 重庆枢纽辐射区域内各省区市的外贸货运量

区域	省、自治区、直辖市	2020年外贸货运量/万吨	2035年外贸货运量/万吨
长江中下游地区	湖北	7295	20128
	湖南	5826	18482
	江西	6642	13809
	安徽	7966	16561
	浙江	53159	82819
	江苏	80696	108607
	上海	169294	304889
	小计	330878	565295

续表

区域	省、自治区、直辖市	2020年外贸货运量/万吨	2035年外贸货运量/万吨
西北地区	新疆	3068	6378
	甘肃	752	1562
	青海	98	203
	陕西	6866	28680
	宁夏	911	4987
	小计	11695	41810
西南地区	四川	9563	14898
	云南	3185	4286
	贵州	1173	2112
	小计	13921	21296
合计		356494	628401

综上分析,到2035年重庆市域物流需求量为27亿吨,周边区域在重庆周转外贸货运量约9亿吨。

六、总体要求

(一)发展思路

以习近平新时代中国特色社会主义思想为指导,全面贯彻落实党的十九大和十九届二中、三中全会精神,认真落实总书记对重庆提出的"两点"定位、"两地""两高"目标、发挥"三个作用"和营造良好政治生态的重要指示要求,依托"一带一路"、长江经济带、西部陆海新通道建设,发挥出海出境大通道体系优势,围绕交通设施、产业集聚区、大型市场群,合理布局陆港型、港口型、空港型、生产服务型、商贸服务型5大类型主辅联动国家物流枢纽网络,打造"通道+枢纽+网络"的物流运行体系,推动物流枢纽发展创新,优化物流资源配置,提高枢纽发展质量和效益,强化重庆国家物流枢纽网络在西部区域的支撑示范作用,助推重庆内陆国际物流枢纽和内陆开放高地建设。

(二)发展目标

到2020年,力争2种类型纳入国家物流枢纽布局建设,"主辅联动、协作有序"的枢纽建设运行模式基本建立,铁路大宗货物运输量、港口铁路集疏运量和集装箱多式联运量明显增长,集装箱铁水联运量年均增长10%左右,铁水联运量占港口货物吞吐量的比例稳定在12%及以上,多式联运货运量年均增长20%,货物运输结构进一步优化,推动全社会物流总费用与GDP的比率下降至14%。

到2025年,力争5种类型全部纳入国家物流枢纽布局建设,国家物流枢纽间沟通对接和分工协作机制更加完善,以"干线运输+区域分拨"为主要特征的现代化多式联运网络基本建立,500公里以上长距离公路运量大幅减少,集装箱铁水联运量年均增长10%左右,铁水联运量占港口货物吞吐量的比例稳定在12%及以上,多式联运货运量年均增长20%。国家物流枢纽单元化、集装化运输比重超过40%。基本形成以国家物流枢纽为核心、市级物流节点为辅助、配送型物流园区为补充的国家物流枢纽网络体系,为重庆建设出海出境大通道体系、西部陆海新通道物流和运营组织中心、内陆国际物流枢纽和内陆开放高地提供有力支

撑,推动全社会物流总费用与GDP的比率低于12.5%。(见表1-6)

到2035年,全面建成辐射全国、联通全球、要素集聚的国家物流枢纽网络,与全市综合交通运输体系、物流体系协同发展,顺畅衔接,规模化、组织化、网络化、智能化水平全面提升,运输结构更加合理,水路、铁路货运比例大幅提升,全社会物流总费用与GDP的比率显著下降,带动和引领重庆物流运行效率和效益达到国际先进水平,助推重庆在国家西部大开发、"一带一路"和长江经济带建设中发挥支撑示范作用。

表1-6 重庆国家物流枢纽建设主要目标指标表

序号	名称	2020年	2025年
1	纳入国家物流枢纽布局建设	2种	5种
2	铁水联运量占港口货物吞吐量的比例	≥12%	≥12%
3	集装箱铁水联运量年均增长	10%	10%
4	多式联运货运量年均增长	20%	20%
5	500公里以上长距离公路运量减少比率	5%	15%
6	全社会物流总费用与GDP的比率	14%	<12.5%

七、规划布局研究

(一)国家物流枢纽布局原则

国家物流枢纽是物流体系的核心基础设施和最高层级,是辐射区域更广、积聚效应更强、服务功能更优、运行效率更高的综合性物流枢纽。重庆地处西部大开发重要节点位置,集大城市、大农村、大山区、大库区于一体,主城都市区与两城镇群地区在经济发展、城镇布局、人口分布等方面存在较大差异。重庆国家物流枢纽布局要贯彻习近平总书记对重庆"两点"定位、"两地""两高"目标、发挥"三个作用"重要指示要求,服务"一带一路"、长江经济带、西部陆海新通道建设及西部大开发战略。因此本次布局主要应坚持以下几点原则。

1. 区域突出,合理选址

国家物流枢纽设在国家物流大通道、重庆市综合运输大通道的重要节点上,与全市铁路、机场、高速公路、港口布局等综合交通规划相协调,优先选择毗邻港口、机场、铁路场站等重要交通基础设施,与铁路干线(兰渝、成遂渝、渝利、渝贵等4条高速铁路及襄渝、渝怀、成渝、川黔、涪柳铁路等5条普速铁路)或货运站直接连接,距高速公路互通10公里范围内,至少与2条高速公路相连。毗邻和服务于两江新区、7个国家级经济技术开发区等区域产业集中区。以连片集中布局为主,集中设置物流设施,集约利用土地资源。

2. 整合优化,集约发展

优先利用国际物流分拨基地、国家示范物流园区及"3+12+N"物流园区,以及市级枢纽港口(4个枢纽港口+9个重点港口)、两个全国性铁路物流中心(团结村集装箱中心站、小岚垭铁路物流中心)及4个区域性铁路物流中心(白市驿、南彭、木耳和龙盛)等。坚持以存量设施整合提升为主、以增量设施补短板为辅,充分挖掘既有存量的潜力,提升已建成物流设施的枢纽功能,提高现有物流枢纽资源集约利用水平,加强存量与增量的合理分工与配套衔接。依托国家物流枢纽,加强物流与交通、制造、商贸等产业联动融合,培育行业发展新动能,探索枢纽经济新范式。

3. 统筹兼顾，系统成网

统筹城市经济发展基础和增长潜力，按照建设内陆国际物流枢纽和口岸高地的总体要求，兼顾"一区两群"协调发展，围绕产业发展、区域协调、公共服务、内联外通等需要，并综合考虑全市国土空间规划、土地利用规划等宏观规划，科学选址、合理布局、加强联动，加快构建国家物流枢纽网络。

4. 功能互补，开放性强

毗邻海关特殊监管区域（综合保税区、口岸等8个开放平台），可衔接中欧班列（重庆）、西部陆海新通道、长江黄金水道等物流大通道，且具备提供公共物流服务、引导分散资源有序聚集、推动区域物流集约发展等功能，并在满足区域生产生活物流需求中发挥骨干作用。同一国家物流枢纽分散布局的互补功能设施原则上不超过两个。

（二）重庆重点物流节点分析

1. 重点物流节点规划

《重庆市现代物流业发展"十三五"规划》《重庆市市域物流布局规划（2016—2020年）》明确提出构建以枢纽型物流园区为核心，节点型物流园区为辅助，配送型物流园区为补充的"3+12+N"市域物流园区网络体系。其中"3"是指重庆国际物流枢纽园区、果园港物流园、重庆航空物流园。"12"是指江津珞璜物流园、涪陵龙头港物流园、万州新田港物流园、南彭贸易物流基地、东站物流园、重庆西部国际涉农物流加工区（白市驿—双福农产品物流园）、合川渭沱物流园、长寿化工物流园、永川港桥现代物流园、忠县新生港物流园、黔江正阳现代物流园、秀山(武陵)现代物流园。"N"是指涪陵白涛化工物流中心、北碚静观物流园、江津德感物流园、綦江渝南国际物流园(綦江物流园)、大足市场物流园、南川商贸物流园、璧山现代物流园、潼南物流园、荣昌物流园、双桥邮亭铁路物流园、铜梁大庙物流园、万州董家物流园、奉节物流园、梁平电商产业物流园(梁平物流园)、云阳物流园、酉阳物流园、歇马配送中心、龙兴配送中心等。

2. 重点物流节点发展总体概况

"十三五"以来,重庆市立足交通、产业、城市、物流等4大要素,围绕规划"两环五带"物流空间布局和构建"3+12+N"市域物流园区网络体系的思路建设全市物流构架。目前重庆国际物流枢纽园区、重庆航空物流园、果园港物流园等3个枢纽型物流园区均处于主城都市区内,已基本形成枢纽功能,具备多式联运体系,依托保税、口岸等功能和国际通道,充分发挥了对重庆建设内陆开放高地的支撑作用。

12个节点型物流园多以交易市场和当地主导产业为支撑发展而形成。目前,"一区两群"中主城都市区的重庆公路物流基地(南彭贸易物流基地)和重庆西部国际涉农物流加工区(白市驿—双福物流园)发展相对较好,渝东北三峡库区城镇群的万州新田港物流园发展相对较好,渝东南武陵山区城镇群内的黔江正阳现代物流园、秀山(武陵)现代物流园发展相对较好,具备区域性的辐射能力,但主城都市区的永川港桥现代物流园、合川渭沱物流园、东站物流园、长寿化工物流园、涪陵龙头港物流园以及渝东北三峡库区城镇群内的忠县新生港物流园等仍处于建设或招商中,发展进度相对滞后。

N个配送型物流园中,除主城都市区中的德感物流园依托本地产业、南川物流园依托交易市场呈良性发展态势外，其余园区建设相对滞后。主城都市区中的涪陵白涛化工物流中心、潼南物流园、北碚静观物流园、歇马配送中心、龙兴配送中心等5个物流园均未启动规划建设，主城都市区中的綦江渝南国际物流园、渝东北三峡库区城镇群的奉节物流园等两个物流园仍处于规划阶段，主城都市区中的璧山现代物流园已进行项目清算，主城都市区梁平电商产业物流园、渝东北三峡库区城镇群的云阳物流园等两个物流园未实质运营。

因此本次课题研究以上位规划为指导，结合国家物流枢纽布局原则，以及"3+12+N"物流园区网络体系中建设良好的物流园区为基础，并综合考虑"一带一路"、西部陆海新通道、长江经济带等出海出境大通道建设，按照"一区两群"协调发展思路，重点以重庆国际物流枢纽园区、果园港物流园、重庆航空物流园，以及江津珞璜物流园、万州新田港物流园、南彭贸易物流基地、重庆西部国际涉农物流加工区（白市驿—双福物流园）、黔江正阳现代物流园、秀山（武陵）现代物流园等为研究对象。

3. 主城都市区重点物流节点

（1）重庆国际物流枢纽园区。

重庆国际物流枢纽园区位于重庆市沙坪坝西永组团，成立于2007年9月，园区总规划面积为35.5平方公里，是国家发改委批复重庆设立的"三基地三港区"物流总体规划中的铁路物流基地，是重庆市重点打造的"1+3"国际物流分拨中心运营基地、国家服务标准化试点园区和首批市级重点物流园区，荣获首批"全国示范物流园区"称号。

截至2018年底已建成约13平方公里，累计完成投资约523亿元，引进入驻商贸物流企业516家（外资企业11家），累计注册资本金69.7亿元。园区货物总吞吐量4905万吨，其中市外货物吞吐量1343万吨，占总吞吐量的27%。园区货物吞吐量占全市铁路货运量的83%，是中欧班列（重庆）和陆海新通道的始发站。

园区处于重庆主城内外环之间，紧邻西永微电子产业园、重庆大学城，是重庆西部新城的重要功能区，具备承接内环产业转移和城市空间拓展的有利区位。拥有兰渝、襄渝、渝昆、渝怀、渝利、遂渝等干线铁路以及市域铁路，重庆铁路西环线从此经过；拥有渝遂高速、成渝高速、渝蓉高速、绕城高速等干线高速路网。

园区建设、运营主体为重庆国际物流枢纽园区建设有限责任公司（原重庆西部现代物流产业园区开发建设有限责任公司），拥有团结村（全国18个铁路集装箱中心站之一）、兴隆场（西南地区规模最大、设施最全、功能最先进的编组站）两大货运站场，可通过干线公路、铁路与周边果园港、珞璜港等港口实现铁水、公水联运。

园区是重庆自贸区的重要组成部分，是中新（重庆）战略性互联互通示范项目在物流领域的重要承载地之一。园区的铁路口岸是内陆首个对外开放的国家一类口岸，园区还拥有重庆生物制品口岸和首次药品进口口岸、重庆整车进口口岸和团结村铁路保税物流中心（B型）。

园区依托团结村铁路集装箱中心站、兴隆场特大型铁路编组站，以及团结村铁路口岸、团结村铁路保税物流中心（B型）、重庆整车进口口岸、重庆生物制品口岸和首次药品进口口岸等平台，打造内陆保税国际物流中心，重点发展铁海、铁公、铁空等国际多式联运业务，以及转口贸易、国际中转、国际大宗商品交易、物流供应链金融等物流业务，主要服务于重庆全域，承接中西部地区及"一带一路"沿线国家的铁路物流需求。

（2）果园港物流园。

果园港物流园位于重庆市两江新区核心区域，于2013年12月开港，规划16个5000吨级泊位，设计总吞吐能力3000万吨/年。是国家发改委、交通部和重庆市政府重点打造的第三代现代化内河港口、国家级铁公水多式联运综合交通枢纽，是重庆市重点打造的"1+3"国际物流分拨中心运营基地之一，是"一带一路"和长江经济带在重庆市实现无缝连接的重要联结点。

2018年果园港货物吞吐量近1600万吨，占全市水运货运量的8%。其中，市外货物量约1000万吨，约占其货运总量的63%。多式联运中，江海联运方面，果园港通过长江黄金水道连接太平洋，覆盖190多条国际航线，可达世界200多个国家和地区，江海联运货运量78万标箱；铁水联运方面，通过深化与成都铁路局的合作，先后开通四川、陕西集装箱班列，铁水联运量7.7万标箱；水水中转方面，通过深化与四川宜宾港、泸州港的合作，水水中转量达13.2万标箱。

果园港区位优势明显，通过进港铁路专用线与主干线渝怀铁路相连，通过果园立交、疏港东立交等集疏运通道与高速路网相连，集疏运条件优越；向东通过长江水运主通道实现江海联运，向西通过渝新欧国际铁路大通道连接中亚及欧洲地区，向南通过陆海贸易新通道辐射东南亚，是"一带一路"和长江经济带在重庆实现无缝连接的具体支点。

果园港物流园的港区和鱼嘴片区的建设、运营主体分别为重庆港务物流集团有限公司和两江新区鱼复工业园建设投资有限公司。港区内部铁路专用线于2014年底开通运营后实现铁、公、水联运功能，距渝怀铁路鱼嘴中心站5公里、距团结村中心站50公里，可通过干线公路、铁路与重庆国际物流枢纽园区、空港、长寿港等实现铁水、公水联运。

园区位于两江新区产业核心区,两江新区作为我国首个内陆国家级开发开放新区,以大数据、智能化为引领,集聚汽车、电子信息、装备制造、生物医药等支柱产业,新区入驻世界500强企业约147家,占全市287家世界500强企业的51%。此外,园区还是重庆自贸区的重要组成部分、中新(重庆)战略性互联互通示范项目的重要承载地。

依托果园港区、鱼嘴货运站、即将启动建设的中新(重庆)多式联运物流示范基地,以及两江新区、重庆自贸区、重庆果园保税物流中心(B型)、两路寸滩保税港区等平台载体,打造内陆国际物流枢纽,发展江海、铁水、公水等国际多式联运以及口岸物流、国际贸易、供应链金融等物流业务,目的在于满足重庆本地、"一带一路"沿线国家及长江经济带沿线城市的物流需求,对把重庆建设成为"一带一路"的重要节点城市,在推进长江经济带绿色发展中发挥示范作用有着重大意义。

(3)重庆航空物流园。

重庆航空物流园区位于重庆市渝北区临空经济示范区的核心区,园区总规划面积为22.2平方公里,是国家发改委批复重庆设立的"三基地三港区"物流总体规划中的唯一的航空物流基地,是重庆市重点打造的"1+3"国际物流分拨中心运营基地之一、国家级物流枢纽和市级重点物流园区,是内陆地区对外开放示范窗口。园区设计年货邮吞吐能力110万吨。

截至2018年底已建成约1.7平方公里,累计完成投资约8.5亿元,入驻商贸物流企业65个。2018年航空货邮吞吐量38.3万吨,其中国际(地区)吞吐量14.7万吨,约占吞吐总量的38%。开通国际(地区)航线82条(直飞航线73条),通航城市61个,通航国家26个,其中客运68条,货运14条,初步完成全球战略性航线布局。

重庆航空物流园区域优势明显,位于重庆江北国际机场区域内,与机场融为一体。重庆江北国际机场是长江上游的空中门户、国内第九大机场,对外交通便捷。通过渝邻高速、绕城高速、机场快速路等集疏运通道与高速路网相连,集疏运条件优越;通过铁路枢纽东环线及机场接驳黄茅坪支线与主要干线铁路相连,与周边小岚垭、团结村两个国家级铁路物流中心实现铁空、陆空联运。

重庆航空物流园的建设、运营主体为重庆机场航空物流园区管理委员会,园区拥有国际航空货运站、国内货运站、专用货机坪、专用货机位、C3货运区以及顺丰西南转运中心等货运设施;两路寸滩保税港区的建设、运营主体为重庆保税港区开发管理集团有限公司。

园区位于两江新区和航空经济示范区的核心区,集国家一级口岸、两路寸滩保税港区、产业集群等为一体。重庆航空物流园是重庆依托重庆江北国际机场、两路寸滩保税港区、国家一级口岸,以及临空经济示范区等平台,打造的国际航空货运(综合)枢纽,重点发展航空货运网络和以卡车航班为核心的陆空联运业务,以及国际快(邮)件分拨中心、跨境电商分拨中心、国际冷链物流中心和全球供应链管理中心等物流业务;主要服务于重庆全域,承接全球国际航空物流业务。

(4)江津珞璜物流园。

江津珞璜物流园主要位于江津综合保税区管辖范围内的珞璜港及小岚垭货运站场附近,拟规划物流用地面积5平方公里,少部分零星用地分布在珞璜工业园B区范围内;园区规划至

2020年建成物流园2.1平方公里。园区将以水公铁联运为基础，形成以货物运输、分拣包装、储存保管、集疏中转、货物配载、供应链金融等功能为一体的综合物流园，辐射川南黔北的贸易集散地。

水运方面。园区拥有17公里长江黄金岸线，设有华能港、珞璜港及玖龙港三个国家级深水良港，其中华能港与玖龙港为企业自建自用港口。珞璜港现由重庆港务物流集团投资扩建为年吞吐量为2000万吨（含100万集装箱标箱）的珞璜长江枢纽港。珞璜港距武汉港约1300公里，距上海洋山港2450公里。规划有5000吨级直立式泊位8个，其中集装箱泊位5个、散杂货泊位3个，并规划新建11条铁路专线。现已建成集装箱泊位1个，散货泊位1个，形成20万集装箱标箱吞吐能力。

公路方面。重庆绕城高速在此设有支坪、珞璜和在建的珞璜西三个互通，依托重庆市"三环十二射三联线"高速公路骨架网络，可快速辐射云、贵、川、湘等地。此外，重庆市规划的"两桥一线"工程拉近了园区与主城区的距离。两桥指的是连接大渡口区的小南海大桥和连接九龙坡区的铜罐驿大桥，一线指的是连接内环高速和绕城高速的城市快速干道第三联络线。

铁路方面：园区周边铁路资源富集，共有5条铁路线在此汇集，分别为川黔铁路、渝黔铁路、重庆铁路东环线、沿江铁路、渝贵高铁。

航空方面：从园区出发到江北国际机场T3航站楼约40分钟车程。

（5）南彭贸易物流基地。

南彭贸易物流基地位于重庆市主城区南部区域，于2009年经市政府批准设立，园区总规划面积45平方公里，设计年货运吞吐能力5000万吨。此物流基地是国家发改委批复重庆设立的"三基地三港区"物流总体规划中的国家级综合性枢纽级公路基地，重庆市重点打造的"1+3"国际物流分拨中心运营基地之一、首批市级重点物流园区、市级服务贸易特色产业园、市级现代物流集聚示范区、市级跨境电商智能货物集散中心，也是"一带一路"和长江经济带在重庆市实现无缝连接的重要联结点。

截至2018年底物流基地已建成约11平方公里，其中大型公共仓储设施5.9平方公里，累计完成投资约105亿元，入驻大型商贸物流企业38个，累计实现交易额超过860亿元、实现税收约25.8亿元。2018年货物吞吐量达到2300万吨，其中跨境公路班车累计开行814车次，已开通东线、东复线、中线、西线、亚欧线以及重庆—新加坡线6条国际物流运输干线，服务网络覆盖越南、老挝、缅甸等中南半岛国家。

物流基地区位优势明显，位于内环与外环连接部，拥有4条高速公路，北临内环高速、南接绕城高速、东连渝湘高速公路、西邻渝黔高速公路；通过龙洲湾隧道、绕城高速，与佛耳岩港口（间距31公里）、内陆最大港口果园港（间距43公里）实现公水联运，融入长江经济带；通过铁路枢纽东环线南彭货运站，融入国家9条干线铁路，与小岚垭国家级铁路物流中心（间距34公里）、团结村国家级铁路物流中心（间距47公里）实现公铁联运，融入"一带一路"；通过内环高速、绕城高速、铁路枢纽东环线等，与重庆江北国际机场（间距50公里）实现陆空联运。

物流基地的建设、运营主体为重庆市巴南区公路物流基地管委会。物流基地拥有重庆南彭公路车检场、城市物流中转站，以及铁路东环线南彭货运站等物流设施。

物流基地集聚以华南城专业市场、协信汽车城等为代表的专业市场集群,市场占地规模为15429亩(1亩≈666.67平方米),居西部第一;集聚以京东为代表的互联网企业集群,开展电子商务、跨境电商等业务。此外,物流基地还是中新(重庆)战略性互联互通示范项目的重要承载地,拥有南彭贸易保税物流中心(B型),毗邻江津综合保税区。

南彭贸易物流基地依托南彭公路车检场、南彭铁路货运站和国际陆海贸易新通道(跨境公路班车),以及大型专业市场、南彭贸易保税物流中心(B型)等平台载体,打造国际公路物流港,重点发展公水、公铁、陆空等多式联运业务,以及国际贸易中心、跨境电子商务基地、综合现代物流中心等物流服务,主要服务于重庆城市功能运转,满足川南、黔北及中南半岛国家的公路物流需求,成为"一带一路"的重要支点,在推进新时代西部大开发中发挥着支撑作用。

(6)白市驿—双福物流园。

白市驿物流园含有公运白市驿货运物流园、德远鲜果物流加工基地、重庆西部粮食产业园、西部农产品冷链物流中心、长运集团西郊总部物流基地、四川石油管理局物流总公司重庆检测中心迁建项目等。西部农产品冷链物流中心项目系重庆明品福物流有限责任公司投资兴建,占地584亩,总投资40亿元,总建筑面积83.3万平方米。该项目建成部分为冻库和冷链交易市场,共有商铺1000个,已租赁并入驻商铺680个,30万平方米冻库已全部租赁,目前基本形成西南地区规模最大的冷链交易市场,并拥有全市唯一的民营冷链保税仓。但公运白市驿货运物流园、德远鲜果物流加工基地等项目正处于调整规划状态,重庆西部粮食产业园、长运集团西郊总部物流基地等项目处于建设状态,尚未形成。

双福国际农贸城是2009年重庆市政府研究决定建设的一级

农产品批发市场，以保障全市鲜活农产品供应为主，是全市三级农产品现代流通体系中的龙头市场。主要布局蔬菜、水果、冷链等八大业态，汇聚蔬菜、水果、粮食、食用油、干货、副食、肉类、水产、蛋品、冻品等26个类别，现已建成主体交易区35万平方米，其中蔬菜15万平方米，水果11万平方米，冷链冻库9万平方米。2018年全年交易量为430万吨，交易额为353亿元。

4. 渝东北三峡库区城镇群重点物流节点——万州新田港物流园

万州新田港物流园是渝东北三峡库区城镇群的核心物流节点园区，园区总规划面积8.23平方公里，规划建设5000吨级泊位19个，设计总吞吐能力4000万吨/年，其中集装箱吞吐能力150万标箱/年。园区是长江经济带发展战略和重庆打造内陆开放高地的重点项目，是"一带一路"和长江经济带在重庆市实现无缝连接的重要联结点。

截至2018年底已建成约0.5平方公里，累计完成投资约105亿元。新田港区位优势明显、港口资源丰富，是长江上游重要的常年深水港区，是重庆市确定的四大铁公水联运枢纽港之一，是长江中上游及三峡库区集疏条件最好、铁公水空联运方式最完善的大型现代化港口之一。通过进港铁路专用线与主干线宜万铁路、达万铁路、兰渝铁路相连，直接对接丝绸之路经济带和中欧班列（重庆），直达中亚、西亚和欧洲，形成长江中上游与欧亚沿线各国连接的重要节点；通过长江水运主通道实现江海联运，快速抵达长江经济带沿线省市，与21世纪海上丝绸之路衔接；通过万州绕城高速等集疏运通道与高速公路网相连，集疏运条件优越。

新田港物流园的万州新田港铁路集疏运中心是重庆市第一个实现规划铁路延伸进入港口一级平台的铁路集疏运中心，可通过干线铁路与重庆国际物流枢纽园区等物流枢纽实现铁水联运,通过疏港大道接入万忠高速、渝宜高速、万利高速等。

园区位于重庆三峡库区腹地的万州区,万州国家级经济技术开发区已形成以汽车及装备制造、现代医药、照明电气、纺织服装、电子信息、能源建材、特色化工、生态环保等产业集群为特色的千亿级开发区。此外,园区毗邻万州保税物流中心(B型)、国家一级口岸万州机场,与神华电厂(2×100万千瓦发电基地)融为一体。

新田港物流园依托长江黄金水道、新田港区、铁路集疏运中心等平台载体,打造现代绿色生态枢纽港区,重点发展江海、铁水、公水等多式联运业务,以及生产资料中转、分拨、加工、仓储等物流服务,主要服务于三峡库区,满足川东、鄂西、陕南及长江经济带沿线地区物流需求。

5.渝东南武陵山区城镇群重点物流节点

秀山(武陵)现代物流园、黔江正阳现代物流园是渝东南武陵山区城镇群的重要物流节点园区,对渝东南区域物流发展具有重要支撑作用。

(1)秀山(武陵)现代物流园区。

秀山(武陵)现代物流园区"因物流而起,随商贸而兴,发展农村电商而全国知名",被评为"国家级示范物流园区""重庆市重点物流园区""中国物流示范基地",园区占地6平方公里(一期3.5平方公里,投资98亿元),建设集交易、配送、仓储、加工、会展等功能于一体的综合性物流园区。累计引进24家开发企业、25个项目落户园区,建成投用300万吨战略装卸点、集装箱站、化工品铁路专线、30万平方米仓储配送中心、会展中心以及家居建材、民生石化等十大专业市场。

(2)黔江正阳现代物流园。

黔江正阳现代物流园按照"一基地三片多点"(一基地指正阳现代物流基地,三片指青杠、舟白、冯家片区,多点指各大市场和企业自有仓库)布局,以生产性配套物流为主,以为生活性、消费性物流提供仓储中转服务和发挥区域辐射作用为辅,是集货物集散、配送、流通加工、检验、物流信息服务及综合商贸于一体的综合性现代物流园区。物流园规划面积2.5平方公里,其中,铁路货站及预留范围约787亩,铁路货场23.6亩,货场仓库33.2亩,绿地402.7亩,道路用地446.8亩,市政设施用地8.4亩,白家河安置区与铁路预留线100亩,其他用地68.6亩,仓储堆场用地1875亩。正阳现代物流园自2012年启动建设以来,已建成投用物流仓储10多万平方米,累计完成投资25亿元;落地物流产业项目20个,开工建设项目9个,完成产业建设项目投资15亿元,综合物流园区形态初步显现。截至2018年底,获得园区经营许可的货运企业共有268家,运输车辆2879辆,货运量和货运周转量分别为432万吨和45857万吨公里。

综上对"3+12+N"市域物流园区网络体系的物流节点建设特点和现状分析可知:重庆国际物流枢纽园区是主要依托铁路核心要素而形成的物流园区;江津珞璜物流园是主要依托铁路、港口核心要素而形成的物流园区;果园港物流园、万州新田港物流园是主要依托港口核心要素而形成的物流园区;重庆航空物流园区是主要依托航空核心要素而形成的物流园区;南彭贸易物流基地是主要依托公路、专业市场核心要素而形成的物流园区;白市驿—双福物流园、秀山(武陵)现代物流园区、黔江正阳现代物流园是主要依托专业市场核心要素而形成的物流园区。(见表1-7)

表1-7 重点物流节点园区发展核心要素表

园区名称	属性	核心要素					适合发展物流枢纽类型
		铁路	港口	机场	公路	专业市场	
重庆国际物流枢纽园区	主城都市区重点物流节点园区	●					陆港型、生产服务型
江津珞璜物流园	主城都市区重点物流节点园区	●	●				陆港型、港口型、生产服务型
果园港物流园	主城都市区重点物流节点园区		●				港口型、生产服务型
重庆航空物流园区	主城都市区重点物流节点园区			●			空港型
南彭贸易物流基地	主城都市区重点物流节点园区				●	●	商贸服务型、陆港型
白市驿—双福物流园	主城都市区重点物流节点园区					●	商贸服务型
万州新田港物流园	渝东北三峡库区城镇群		●				港口型、生产服务型
秀山(武陵)现代物流园区	渝东南武陵山区城镇群					●	商贸服务型
黔江正阳现代物流园	渝东南武陵山区城镇群					●	生产服务型、商贸服务型

(三)国家物流枢纽布局研究分析

按照国家物流枢纽布局原则,以"3+12+N"物流园区网络体系为基础,紧紧围绕"加快建设出海出境大通道,构建内陆国际物流枢纽支撑"主题,统筹东南西北、陆水空的国际大通道建设,充分考虑"一区两群"的区域特点及物流需求,并充分利用国家物流枢纽建设资源,且考虑同一国家物流枢纽分散布局的互补功能设施原则上不超过两个。经组织市级相关部门多次研究讨论,最终确定重庆国家物流枢纽布局建设采取"主辅联动"形式,具体如下:

● 陆港型国家物流枢纽布局建设以重庆国际物流枢纽园区作为主枢纽,江津珞璜物流园区作为辅枢纽,形成主辅联动;

● 港口型国家物流枢纽布局建设以果园港为主枢纽,长寿港作为辅枢纽,形成主辅联动;

● 空港型国家物流枢纽布局建设以重庆航空物流园作为主枢纽,木耳航空物流园作为辅枢纽,形成主辅联动;

● 生产服务型国家物流枢纽布局建设以万州新田港物流园为主枢纽,忠县新生港物流园作为辅枢纽,形成主辅联动;

● 商贸服务型国家物流枢纽布局建设以南彭贸易物流基地为主,秀山(武陵)现代物流园为辅,形成主辅联动。

1.陆港型国家物流枢纽布局研究

陆港型国家物流枢纽(图1-4)主要是依托铁路等陆路交通运输大通道和场站(物流基地)等,衔接内陆地区干支线运输,主要为保障区域生产生活,优化产业布局,提升区域经济竞争力,提供畅通国内、联通国际的物流组织和区域分拨服务。

陆港型物流枢纽

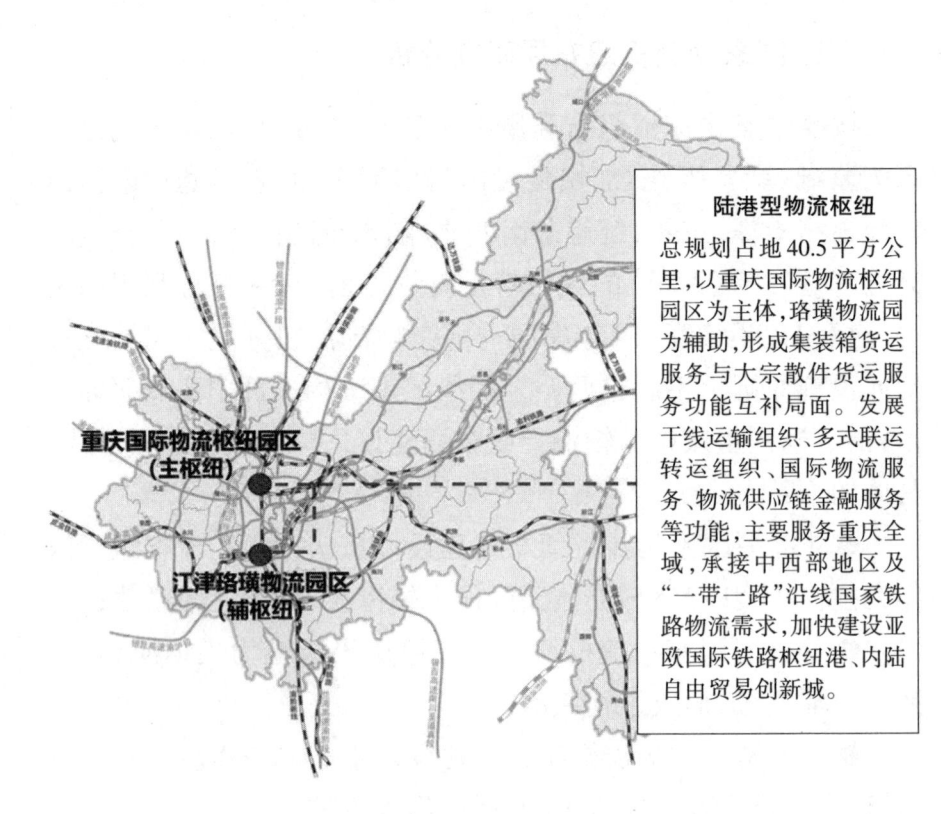

总规划占地40.5平方公里,以重庆国际物流枢纽园区为主体,珞璜物流园为辅助,形成集装箱货运服务与大宗散件货运服务功能互补局面。发展干线运输组织、多式联运转运组织、国际物流服务、物流供应链金融服务等功能,主要服务重庆全域,承接中西部地区及"一带一路"沿线国家铁路物流需求,加快建设亚欧国际铁路枢纽港、内陆自由贸易创新城。

图1-4 重庆陆港型国家物流枢纽主辅联动布局示意图

(1)陆港型主枢纽布局分析。

根据陆港型国家物流枢纽建设特征,以铁路运输为核心,并结合重点物流节点要素分析,重庆国际物流枢纽园区以铁路为核心,团结村站为国家一级铁路站,且兴隆场铁路编组站为西南地区特大型铁路编组站,有襄渝、成渝、川黔、渝怀、渝利、遂渝、兰渝等7条铁路汇聚,园区特点显著,具备发展陆港型国家物流枢纽条件。同时,重庆国际物流枢纽园区也是西部陆海新通道、渝甬铁海联运通道、中欧班列(渝新欧)、中欧班列(渝满俄)国际铁路联运等4条出海出境通道的始发点和交汇点。经研究分析，陆港型国家物流枢纽应布局在重庆国际物流枢纽园区。

（2）陆港型辅助枢纽布局分析。

江津珞璜物流园依托国家二级铁路物流基地小岚垭货运站及珞璜港而形成，距重庆国际物流枢纽园区公路78公里、铁路53公里，可通过市域铁路及绕城高速实现与重庆国际物流枢纽园区的互联互通，因此应以重庆国际物流枢纽园区为主，江津珞璜物流园为辅，形成主辅联动。

一是铁路服务功能形成互补，有助于完善陆港型枢纽功能。团结村铁路集装箱中心站是主要以集装箱货运为主的全国性铁路集装箱中心站，而小岚垭站是全国性货运中心站，集装箱货运服务功能与大宗散件货运服务功能可形成互补。二是小岚垭站编组功能对兴隆场编组站可形成支撑。兴隆场编组站主要对重庆枢纽内各方向货物列车进行解编作业。目前，兴隆场铁路场站作业能力已达到饱和，急需扩能。小岚垭已具备较强的编组作业能力，统筹协调建设，可解决兴隆场编组站作业能力饱和和小岚垭站作业能力闲置的局面，提升发货班列运行效率。三是铁公水多式联运服务功能更加完善。珞璜港是重庆四大枢纽港之一，珞璜物流园与重庆国际枢纽物流园区组合，有助于完善铁公水多式联运服务功能。

2. 港口型国家物流枢纽布局研究

港口型国家物流枢纽（图1-5）主要是依托港口，对接国内国际航线和港口集疏运网络，实现水陆联运、水水中转有机衔接，主要为港口腹地及其辐射区域提供货物集散、国际中转、转口贸易、保税监管等物流服务和其他增值服务。

港口型物流枢纽

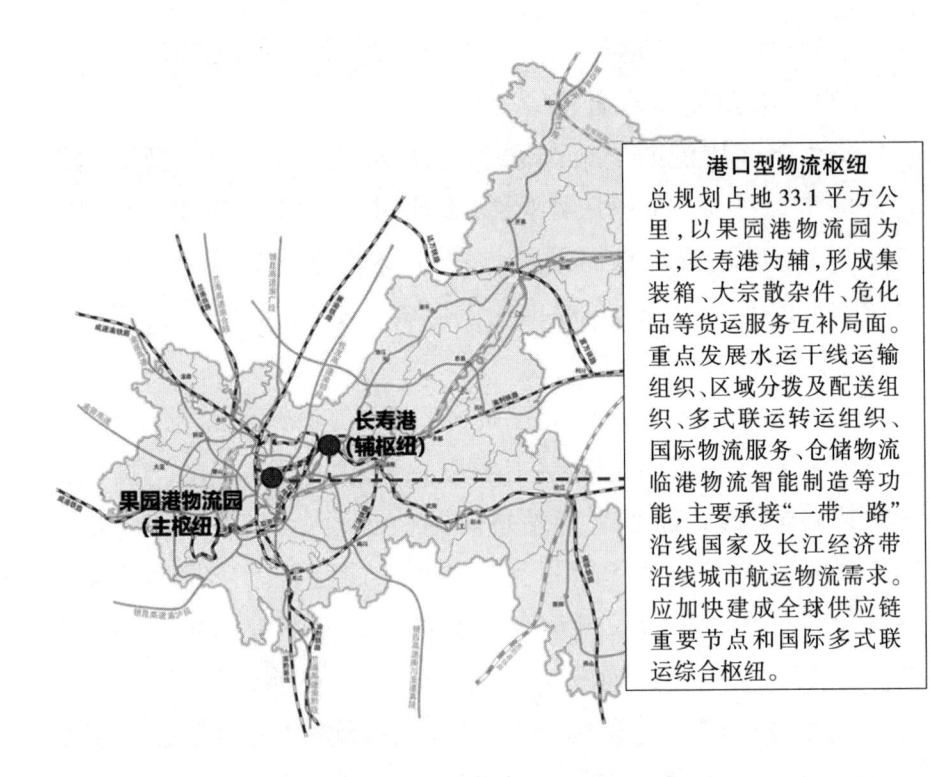

总规划占地33.1平方公里,以果园港物流园为主,长寿港为辅,形成集装箱、大宗散杂件、危化品等货运服务互补局面。重点发展水运干线运输组织、区域分拨及配送组织、多式联运转运组织、国际物流服务、仓储物流临港物流智能制造等功能,主要承接"一带一路"沿线国家及长江经济带沿线城市航运物流需求。应加快建成全球供应链重要节点和国际多式联运综合枢纽。

图1-5 重庆港口型国家物流枢纽主辅联动布局示意图

(1)港口型主枢纽布局分析。

果园港是国家发改委、交通运输部和重庆市政府重点打造的第三代现代化内河港口、国家级铁公水多式联运综合交通枢纽,是我国最大的内河铁公水联运枢纽港。果园港物流园特点显著,具备发展港口型国家物流枢纽的条件。园区有中欧班列(重庆)国际铁路联运通道、西部陆海新通道等多条国际大通道通过。向东可经长江黄金水道,由江海联运通道出海;向西可通过中欧国际铁路连接中亚及欧洲地区,向南可经西部陆海新通道直达北部湾港口。因此将果园港确定为港口型国家物流枢纽。

(2)港口型辅枢纽布局分析。

当前世界危化品的运输主要依托水运,而危化品码头是稀缺资源。长寿港距果园港约35公里,主要依托长寿化工产业而形成,目前港口有码头12座,25个泊位,其中危化品泊位7个,散件杂货码头共18个泊位。码头靠泊等级以3000吨级兼顾5000吨级为主,设计通过能力为1875万吨/年,集装箱2万标箱/年,危化品设计通过能力343万吨/年。定位为重庆市重点危化品专业港口,服务于长寿经开区及区域危化品中转。长寿港胡家坪作业区作为全市布局以"四枢纽九重点"为骨架的港口集群化工重点专用码头,特别是在对现有港口码头进行优化整合后,依托国家级化工园区和危化品分拨中心,不仅能够承接危化品运输,还能缓解主城大宗货物运输及唐家沱滚装货运压力。且长寿港已通过渝怀铁路、渝长高速及渝长复线、长江与果园港从铁公水三方面连通,是承接主城物流业务的最佳区域,能与果园港错位发展,实现功能互补。因此将长寿港作为港口型国家物流枢纽辅助港,与果园港形成主辅联动。

3. 空港型国家物流枢纽布局研究

空港型国家物流枢纽(图1-6)主要是依托航空国际枢纽机场,主要为空港及其辐射区域提供快捷高效的国内国际航空直运、中转、集散等物流服务和铁空、公空等联运服务。

(1)空港型主枢纽布局分析。

江北机场是4F级国际机场,现有三条跑道,四座航站楼,年客吞吐能力4500万人次,货邮吞吐能力110万吨。目前已初步构建起覆盖欧、美、亚、澳等全球主要经济政治文化中心的国际航线网络。重庆航空物流园区主要依托江北机场而形成,是国家发改委批复重庆设立的"三基地三港区"物流总体规划中的唯一航空物流基地,园区特点显著,具备发展空港型国家物流枢纽条件。因此将其确定为空港型国家物流枢纽。

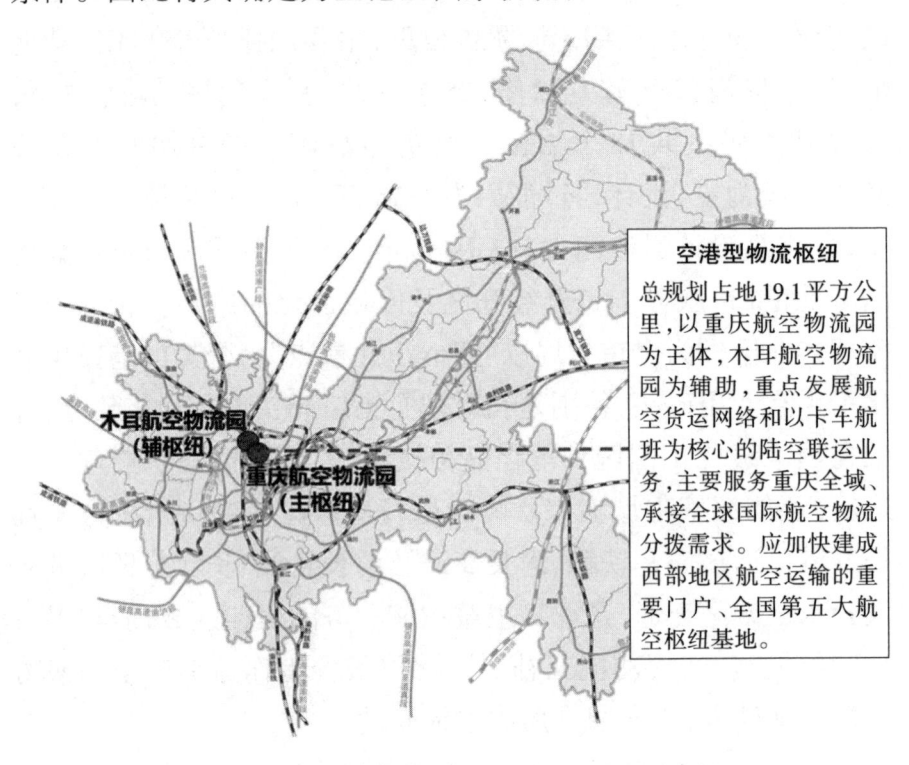

空港型物流枢纽

总规划占地19.1平方公里,以重庆航空物流园为主体,木耳航空物流园为辅助,重点发展航空货运网络和以卡车航班为核心的陆空联运业务,主要服务重庆全域、承接全球国际航空物流分拨需求。应加快建成西部地区航空运输的重要门户、全国第五大航空枢纽基地。

图1-6 重庆空港型国家物流枢纽主辅联动布局示意图

(2)空港型辅枢纽布局分析。

木耳航空物流园距江北机场国际货运站约5公里,可与江北机场国际货运站形成连片集聚,作为航空物流园发展腹地承担重庆机场航空物流园外溢航空物资集散和配套产业集聚功能。目前园区规划面积2.2平方公里,可出让土地1965亩,其中物流仓储1802亩,工业163亩,重点发展航空物流、冷链物流、电商仓储、保税贸易、转口贸易。物流园已引进8家企业,业态以医药温控仓储、生鲜冷链、电商仓储、物流供应链、航空物流、快递快运为主。项目合计用地1660亩,总投资约76亿元,全面建成后年新增营业收入460亿元,创税4.6亿元。物流园建成投用,将成为渝北经济发展的加速器和降低社会流通成本的有利平台,也可成为重庆北部片区的物流分拨中心和开放高地。因此将重庆航空物流园作为主枢纽,木耳航空物流园作为辅枢纽,形成主辅联动。

4.生产服务型物流枢纽布局研究

生产服务型物流枢纽(图1-7)主要依托大型厂矿、制造业基地、产业集聚区、农业主产区等,为工业、农业生产提供原材料供应、中间产品和产成品储运、分销等一体化的现代供应链服务。

生产服务型物流枢纽

总规划占地11.4平方公里,以万州新田港为主,忠县新生港为辅,形成三峡库区黄金水道南北岸货运服务互补局面。重点发展口岸物流、临港加工、加工配送、货运物流、多式联运等,主要承接周边省市以及长江经济带沿线城市的生产物资物流需求。应加快将其建设成长江上游地区重要生产物资集散中心。

图1-7 重庆生产服务型国家物流枢纽主辅联动布局示意图

（1）主枢纽布局分析。

万州区地处长江中上游结合部，三峡库区腹心地带，是国家级经济技术开发区承载地。万州新田港拥有长江上游最大的可靠泊万吨级船队的常年深水港，东出可衔接长江中下游与东南亚地区，西进可通达四川、陕西、云贵地区，北上可进入中亚、西亚和欧洲，是连接长江中下游地区与欧亚沿线各国经贸通道的重要节点，是陕南、川东、黔东等地区的物资集散地和交通枢纽。2013年万州港"蓉万"铁水联运集装箱班列正式开通，成都货物通过达成、达万铁路抵达万州，再由长江黄金水道运往上海。2014年万州开通"陕煤入渝"铁路运输专列。2016年开通西（安）万（州）铁路集装箱班列以及攀（枝花）万（州）集装箱班列。2017"沪万"集装箱始发班轮首航，填补了渝东北地区始发直达上海集装箱班轮的空白。2018年开通"兰万"集装箱五定班列，加强与云南水富和四川宜宾、泸州等港口合作，大力发展"水水中转"，增强万州口岸辐射聚集功能。万州新田港物流园主要依托新田港而形成，考虑到港口型国家物流枢纽已布局，因此将万州新田港物流园布局为生产服务型国家物流枢纽。

（2）生产服务型辅枢纽布局分析。

忠县新生港拥有约2000多米的良好深水码头岸线，港口区后方陆域总纵深1200米，是重庆市未来铁公水综合港口物流枢纽，以长江黄金水道为主轴，通过铁路、公路的交叉连接，形成鱼刺型纵深发展腹地，是联结长江经济带、丝绸之路经济带和海上丝绸之路的重要节点。新生港与万州新田港之间距离水路95公里、公路115公里，依托长江黄金水道、沪渝高速、银百高速等实现互联互通。目前新生港物流园区依托新生港口正在打造现代化、综合型物流园区，发展物流加工、仓储换装、商贸三大功能。按照"前港中仓后园、铁公水联运"进行布置,拟建5000吨级泊位14个,设计吞吐量:散货码头900万吨/年、多用途码头1200万吨/年、滚装码头汽车10万辆/年。主要货物类型为建材、石材、钢材、商品汽车。货物主要进出地为渝东南、黔东北、川东北及湖北部分地区,依托规划铁路远期可达500公里腹地范围。因此将万州新田港物流园作为生产服务型国家物流枢纽主枢纽,忠县新生港物流园区作为辅枢纽,形成主辅联动。一是港口长江南岸、北岸服务功能形成互补。万州新田港位于长江南岸,而忠县新生港位于长江北岸,从服务功能方面可形成互补。二是受万州神华电厂影响,万州新田港口腹地发展不足,而忠县在辐射川东北、鄂西方向集疏运输通道优于万州,港口的后方腹地发展潜力大,可作为新田港的补充。

5. 商贸服务型物流枢纽布局研究

商贸服务型物流枢纽(图1-8)依托商贸集聚区、大型专业市场、大城市消费市场等,主要为国际国内和区域性商贸活动、城市大规模消费需求提供商品仓储、干支联运、分拨配送等物流服务,以及金融、结算、供应链管理等增值服务。

(1)商贸服务型主枢纽布局分析。

南彭贸易物流基地是重庆跨境公路班车第一始发地,集聚了重庆华南城、协信汽车公园、重庆铁公鸡商贸城、重庆车谷等大型专业市场,占地面积约147万平方米,建设规模位居全市首列。仓储建筑面积223万平方米、入驻企业约2930家,累计投资额约106亿元,交易额约90亿元,税收约2.8亿元。物流基地特点显著,具备发展商贸服务型国家物流枢纽条件。物流基地有京东(重庆)电商产业园、顺丰电商产业园、阿里巴巴新零售、霍式百利威(重庆)国际电子商务产业园等电商项目入驻。2018年京东

（重庆）电商产业园实现销售额322亿元，税收5.2亿元。重庆南彭公路保税物流中心（B型）2018年实现进出口值约19.5亿元。因此将南彭贸易物流基地布局为商贸服务型国家物流枢纽。

商贸服务型物流枢纽

总规划占地41.5平方公里，以南彭贸易物流基地为主体，秀山（武陵）现代物流园区为辅助，重点发展陆路运输、公铁联运、国际物流、智慧仓储、干支联运及区域分拨配送、多式联运物流服务，以及金融、结算、电子商务、供应链管理等增值服务，主要承接中西部地区及"一带一路"沿线国家商贸物流需求。应加快将其建设成中西部地区与东盟国家商贸往来的桥头堡。

图1-8　重庆商贸服务型国家物流枢纽主辅联动布局示意图

（2）商贸服务型辅枢纽布局分析。

秀山（武陵）现代物流园区、白市驿—双福物流园以及黔江正阳现代物流园均满足商贸服务型辅枢纽建设条件。但统筹考虑"一区两群"协同发展，以及考虑到目前主城都市区、渝东北三峡库区城镇群均已布局国家物流枢纽，而渝东南武陵山区城镇群尚未布局，而秀山（武陵）现代物流园区是"国家级示范物流园区"，已建成家居建材、民生石化等十大专业市场，建设条件优于黔江正阳现代物流园的现实情况,将秀山(武陵)现代物流园区作为商贸服务型国家物流枢纽辅枢纽,与南彭贸易物流基地形成主辅联动。国家物流枢纽布局的总体分析见表1-8。

表1-8 国家物流枢纽布局研究分析表

名称	枢纽建设特点	布局原则	主枢纽选择	辅枢纽选择(从充分利用国家物流枢纽资源角度考虑)
陆港型国家物流枢纽	依托铁路等陆路交通运输大通道和场站(物流基地)等,衔接内陆地区干支线运输。	1.区域突出,合理选址,以在国家物流大通道、重庆市综合运输大通道的重要节点上为主,优先选择毗邻港口、机场、铁路场站等重要交通基础设施的物流枢纽。2.整合优化,集约发展,以物流存量设施为主。	团结村站为国家一级铁路站,且兴隆场铁路编组站为西南地区特大型铁路编组站,衔接襄渝、成渝、川黔、渝怀、遂渝、兰渝等方向。重庆国际物流枢纽园区主要依托团结村站和兴隆场铁路编组站而形成。	小岚垭站为国家二级铁路站,珞璜港为重庆四大枢纽港之一。江津珞璜物流园区依托小岚垭站和珞璜港而形成。珞璜物流园与重庆国际物流枢纽园区组合,有助于完善铁公水多式联运服务功能。园区两者间距公路78公里、铁路53公里,依托市域铁路及绕城高速实现互联互通。

续表

名称	枢纽建设特点	布局原则	主枢纽选择	辅枢纽选择（从充分利用国家物流枢纽资源角度考虑）
港口型国家物流枢纽	依托港口，对接国内国际航线和港口集疏运网络，实现水陆联运、水水中转有机衔接。	3.统筹兼顾，系统成网，统筹考虑"一区两群"协调发展。4.功能互补，开放性强，既要充分利用国家物流枢纽建设资源，又要满足同一国家物流枢纽分散布局的互补功能设施原则上不超过两个的原则。	果园港是国家发改委、交通运输部和重庆市政府重点打造的第三代现代化内河港口、国家级铁公水多式联运综合交通枢纽，是我国最大的内河铁公水联运枢纽港。果园港物流园区主要依托果园港而形成。	水运是危化品运输的主要方式，危化品港口是稀缺资源。长寿港拥有危化品泊位7个，是长江中上游最大的危化品集输运中心。长寿港与果园港物流园组合，有助于完善港口型国家物流枢纽服务功能，长寿港已通过渝怀铁路、渝长高速及渝长复线、长江与果园港实现铁公水连通。
空港型国家物流枢纽	依托航空枢纽机场，提供快捷高效的国内国际航空直运、中转、集散等物流服务和铁空、公空等联运服务。		重庆江北机场是全国十大区域枢纽机场之一。重庆航空物流园区是依托重庆江北机场而形成的，是重庆最大的航空物流园区。	木耳航空物流园紧邻江北机场国际货运站（约5公里），空间距离较近，可作为航空物流园发展腹地，承担重庆机场航空物流园外溢航空物资集散和配套产业集聚功能。木耳航空物流园与重庆机场航空物流园通过城市道路已形成互联互通。

续表

名称	枢纽建设特点	布局原则	主枢纽选择	辅枢纽选择（从充分利用国家物流枢纽资源角度考虑）
生产服务型国家物流枢纽	依托大型厂矿、制造业基地、产业集聚区、农业主产区等，主要为工业、农业生产提供原材料供应、中间产品和产成品储运、分销等一体化的现代供应链服务。		万州区地处长江中上游结合部，三峡库区腹心地带，是国家级经济技术开发区承载地。万州新田港拥有长江上游最大的可靠泊万吨级船队的常年深水港，东出可衔接长江中下游与东南亚地区货物运输，西进可通达四川、陕西、云贵地区，北上可进入中亚、西亚和欧洲，是连接长江中下游地区与欧亚沿线各国经贸通道的重要节点，是陕南、川东、黔东等地区的物资集散地和交通枢纽。万州新田港物流园主要依托新田港而形成，考虑到港口型国家物流枢纽已布局，因此将万州新田港物流园布局为生产服务型国家物流枢纽。	忠县新生港拥有约2000多米的良好深水码头岸线，港口区后方陆域总纵深达1200米，是重庆市未来铁公水综合港口物流枢纽，以长江黄金水道为主轴，通过铁路、公路的交叉连接，形成鱼刺型纵深发展腹地，是联结长江经济带、丝绸之路经济带和海上丝绸之路的重要节点。新生港与万州新田港之间距离水路95公里、公路115公里，依托长江黄金水道、沪渝高速、银百高速等实现互联互通。

续表

名称	枢纽建设特点	布局原则	主枢纽选择	辅枢纽选择（从充分利用国家物流枢纽资源角度考虑）
商贸服务型国家物流枢纽	依托商贸集聚区、大型专业市场、大城市消费市场等，提供商品仓储、干支联运、分拨配送等物流服务，以及金融、结算、供应链管理等增值服务。		南彭贸易物流基地是重庆跨境公路班车第一始发地，主要依托重庆华南城、协信汽车公园、重庆铁公鸡商贸城、重庆车谷等大型专业市场而形成，其专业市场规模、仓储规模位居全市前列。同时也是京东、阿里巴巴新零售、顺丰电商、霍式百利威（重庆）国际电子商务等西南地区电子商务集群地。因此将南彭贸易物流基地布局为商贸服务型国家物流枢纽。	统筹考虑"一区两群"协同发展，目前主城都市区、渝东北三峡库区城镇群均已布局国家物流枢纽，但渝东南武陵山区城镇群尚未布局。秀山（武陵）现代物流园区是"国家级示范物流园区"，已建成十大专业市场。可将秀山（武陵）现代物流园区作为商贸服务型国家物流枢纽辅枢纽，与南彭贸易物流基地形成主辅联动。

（四）国家物流枢纽空间布局

综上分析，重庆国家物流枢纽空间布局建设应按照国家建设内陆开放高地的要求，围绕"加快建设出海出境大通道，构建内陆国际物流枢纽支撑"，依托市内、国内、国际物流通道网络体系及物流枢纽建设节点，统筹东南西北国际战略通道、铁公水空多式联运，优化整合物流资源，推动战略性节点建设，打造陆港型、港口型、空港型、生产服务型、商贸服务型五大主辅联动的国家物流枢纽,以支撑区域经济高质量发展。详见重庆国家物流枢纽总体布局图(彩图1)。

1. 陆港型国家物流枢纽

陆港型国家物流枢纽网络依托中欧班列(重庆)、西部陆海新通道等出境出海国际大通道、高速公路网、铁路物流园区体系及相关场站和货场、铁路口岸、自贸试验区等,提供畅通国内、联通国际的物流组织和区域分拨服务。其中,重庆国际物流枢纽园区着力发展干线运输组织、区域分拨及配送组织、多式联运转运组织、国际物流服务、物流供应链金融服务等功能,主要服务重庆全域,承接中西部地区及"一带一路"沿线国家铁路物流需求,正加快建成亚欧国际铁路枢纽港、内陆自由贸易创新城。

2. 港口型国家物流枢纽

港口型国家物流枢纽网络依托"一干两支"高等级航道、"4+9"现代化港口集群、水运口岸、两路寸滩保税港水港功能区、保税物流中心(B型)、自贸试验区等,对接国内国际航线和港口集疏运网络,整合沿江港口物流园区,实现水陆联运、水水中转有机衔接,为中西部地区提供货物集散、国际中转、转口贸易、保税监管等物流服务。其中,重庆果园港物流园着力发展水运干线运输组织、区域分拨及配送组织、多式联运转运组织、国际物流服务、仓储物流临港物流智能制造等功能,主要承接"一带一路"沿线国家及长江经济带沿线城市航运物流需求,正加快建成全球供应链重要节点和国际多式联运综合枢纽。

3. 空港型国家物流枢纽

空港型国家物流枢纽网络依托江北国际机场、航空口岸和两路寸滩保税港空港功能区、自贸试验区,发挥陆空联运优势,发展航空干线运输组织、区域分拨及配送组织、陆空多式联运转运组织、国际物流服务、(国际)快件集散等功能,主要承接全球国际航空物流需求。其中,重庆航空物流园着力发展航空货运网络和以卡车航班为核心的陆空联运业务,主要服务重庆全域、承接全球国际航空物流分拨需求,正加快建成西部地区航空运输的重要门户、全国第五大航空枢纽基地。

4. 生产服务型国家物流枢纽

生产服务型国家物流枢纽网络依托产业集群布局和全市工业园区体系、综合交通运输条件、多式联运基础,以及铁路集疏运中心等平台载体,重点发展为制造业、农业等生产提供原材料供应、中间产品和产成品储运、分销一体化的现代供应链服务。其中,万州新田港物流园着力发展口岸物流、临港加工、加工配送、货运物流、多式联运等,主要承接周边省市以及长江经济带沿线城市的生产物资物流需求,正加快建成长江上游地区重要生产物资集散中心。

5. 商贸服务型国家物流枢纽

商贸服务型国家物流枢纽网络依托综合交通体系和相关场站货场、大型专业市场集群、城镇体系等,发展为国际、国内、全市商贸活动和市民消费需求服务的商贸物流、干支联运、仓储物流、分拨配送等物流服务以及电子商务、结算等增值服务。其中,南彭贸易物流基地着力发展公铁联运等陆路运输、国际物流、智慧仓储、干支联运及区域分拨配送、多式联运物流服务,以及金融、结算、电子商务、供应链管理等增值服务功能,主要承接中西部地区及"一带一路"沿线国家商贸物流需求,正加快建成中西部地区与东盟国家商贸往来的桥头堡。

八、国家物流枢纽建设重点任务

（一）推进物流枢纽网络化、系统化建设

1.构建高质量物流干线通道网络

鼓励五大物流枢纽积极融入国家物流枢纽网络体系，协同开展规模化物流业务，建设高质量的干线物流通道网络。

（1）整合优化长江黄金水道资源，推动枢纽高质量发展。

推进果园港、珞璜港及寸滩港、长寿港、龙头港、新田港等枢纽港口资源整合，加速港口型枢纽资源优化配置，增强果园港的中转和集拼运输能力，培育建设长江上游航运集货中心。探索推动港口枢纽与上海羊山港、宁波丹山港、宜宾港、泸州港等长江沿线港口枢纽协同发展，积极争取落实外贸集装箱专轮、五定快班轮等优先通过三峡船闸政策，加强与上海等城市合作，提高通关速度，构建高质量的江海直达干线运输网络。加快推进重庆长江干线九龙坡至朝天门段航道整治，提升果园港对外5000吨级单船满载全年通航能力。推动实行"铁路运输—港口—集散分拨"模式，形成上水铁矿石和下水煤矿、钢材等货物钟摆式运输。开行定点、定时、定线等当日达、次日达货运班列，构建快捷的货运班列运输系统。

（2）加密国家物流枢纽间的互联互通。

加快推进"米"字形高速铁路网、"两环十干线"普速铁路建设，改造升级既有干线铁路，加密高速公路和市政连接道路网。加快建成铁路枢纽东环线、铁路枢纽西环线、涪怀二线、黔张常

铁路,适时启动建设渝西、渝贵、成渝中线、兰渝高铁,以及成渝、川黔、达万利铁路。建成潼南至荣昌、合川至长寿、黔江东南环、大足至内江高速。建成一纵线中心站至狮子岩段(主线段)、两江新区至长寿区快速通道、两江新区至涪陵区(龙头港)快速通道、白居寺长江大桥、南环立交改造城市交通设施项目。

(3)加强枢纽货源组织能力,推动中欧班列(重庆)高质量发展。

推进陆港型、港口型、商贸服务型物流运营组织协同,统筹建设中欧班列(重庆)境内外集采平台,指导枢纽运营主体集中对接中欧班列(重庆)干线运力资源,加强华南、西南地区进出欧洲的货源组织,提升国际货运规模化组织水平。推动枢纽与铁路运输企业加强合作对接,签订运量运能互保协议,构建门到门接取送达网络,发展全程物流服务。

(4)支持枢纽拓展和优化开行班列,推动陆海新通道建设。

以陆港型、商贸服务型物流枢纽为起始点,优化拓展"渝黔桂新"铁海联运班列、重庆—东盟跨境公路班车、中越(重庆—河内)国际铁路联运班列等物流服务组织模式,促进货物列车客车化开行,增强国际贸易陆海新通道集散分拨能力。

(5)拓宽空港型枢纽货运航线网络,扩大全货机服务覆盖范围。

按照"加密亚洲、拓展欧美、布局全球"的发展方向,构建欧洲—重庆—东南亚(大洋洲)、东北亚—重庆—非洲(南亚)、南亚(东南亚)—重庆—北美三大中转通道,并利用海上丝绸之路和国际陆海贸易新通道联结点的优势,适度超前布局"一带一路"沿线重要节点城市、东南亚地区节点城市和对于建设内陆开放高地有重要意义的全球性重要经济城市航线,按照亚洲航线2/3,洲际航线1/3的国际航线比例结构进行布局,推动重庆国际航空市场的健康持续发展。加强与大型货运航空公司的战略合作,构建以重庆为枢纽的运营基地,积极吸引国内外大型航空公司入驻,做强做大航空货运。

2. 协调推进补齐枢纽联运转运衔接短板建设

(1)补齐枢纽间互联互通基础设施短板,提升枢纽联运效率。

加快推进枢纽东环线建设,有序推动建设枢纽西环线、铁路二环线、都市快轨二纵线,构建陆港型、港口型、空港型、商贸服务型、生产服务型物流枢纽间高效串联的专用通道,促进物流枢纽间的互联互通,提升枢纽运输效率,降低物流成本。

(2)加强枢纽与铁路间基础设施衔接,提升枢纽转运效率。

统筹港口枢纽与铁路规划对接,加快推进果园港东港作业区铁路支线、珞璜港铁路支线、龙头港铁路集疏运中心港口支线以及机场黄茅坪支线等铁路建设及扩能,开工建设西永综合保税区铁路支线等,构建高效便捷的铁路货运网络。完善港区铁路装卸场站及配套设施,推进集疏港铁路向堆场、码头前沿延伸,实现铁路货运场站与港口码头、前方堆场等的无缝衔接,提升物流整体运作效率。

(3)畅通集疏运"最后一公里"道路,提高枢纽疏解效率。

统筹优化完善枢纽内外配套道路设施,畅通果园港、重庆国际物流枢纽园区、重庆航空物流园、重庆公路物流基地(南彭贸易物流基地)等枢纽与城市主干道的连接,提高干支衔接能力和转运分拨效率。重庆国际物流枢纽园区持续推进城市快速路一纵线、二横线、西井干道、青凤绕城道、沿山(歌乐山)货运通道等道路建设。重庆航空物流园加快推进都市快轨一纵线、机场专用高速公路等道路建设。果园港物流园进一步完善果园港区与鱼嘴港区设施的互联互通,推进鱼滨路、疏唐立交、富宏大道东延伸段等连接道路建设。珞璜物流园加快珞璜港作业区进港

75

大道建设,新建、改造一批多式联运专业站场,配置先进的装备,提供齐全的服务功能,完善多式联运集疏运场站设施设备及相关配套设施。

3.加快推进物流枢纽多式联运发展

(1)积极开展多式联运试点示范工程建设。

高标准建设和完善中新(重庆)互联互通多式联运示范项目、重庆果园港服务长江经济带战略铁水联运示范工程等全国多式联运示范项目,积极组织空铁等多式联运项目申报全国多式联运示范工程。到2020年,主要集装箱港区基本形成"长途重点货类精品班列+短途城际小运转班列"的铁水联运产品体系。

(2)加强干支衔接和组织协同。

大力发展江海直达、江海联运,鼓励沿江内贸适箱货物集装箱化,吸引陆路货运转水路运输,促进干支直达运输。依托中欧班列(重庆)、国际陆海贸易新通道,推动中新合作,探索开展空铁、空空联运模式,构建"中欧班列(重庆)+四小时航空""国际陆海贸易新通道+四小时航空"的运输方式,打造"中新双枢纽"网络。依托空港型物流枢纽开展陆空联运、铁空联运、空空联运等多式联运方式,支持发展"卡车航班",开行重庆至长三角、中西部地区等主要城市的卡车航班。

(3)加强多式联运服务规则衔接。

探索水路、铁路、公路、航空多种运输服务有效衔接的服务模式和规则,积极争取并配合国家加快推进一体化运输组织多式联运服务规则的确立。研究并建立国际多式联运规则、物权规则、贸易规则等,实现全程"一次委托"、运单"一单到底"、结算"一次收取"。加快完善口岸功能,探索设立海关多式联运监管中心。

（4）大力推广先进运输组织形式。

大力发展以集装箱、半挂车为标准运载单元的公铁、铁水等多式联运，积极发展集装箱多式联运，加快推进重庆—钦州港双层集装箱铁路建设，积极探索开展厢式半挂车、公铁驮背、公铁滚装等多式联运试点示范，积极推广公铁联运、江海中转联运、铁水联运等组织模式。大力发展公路甩挂运输，积极发展水铁、公铁和陆空等整装联运，加快推进大宗散货水铁联运、集装箱公铁水多式联运，引导沿海港口在其腹地设立无水港和集装箱提箱还箱网点。

（二）统筹整合优化物流枢纽资源

1.整合培育协同高效的运营主体

（1）整合优化枢纽运营管理主体。

创新物流枢纽经营管理模式，以提升效率效益为导向，推动物流设施集约整合。鼓励和支持五大物流枢纽通过建立物流战略联盟、资本合作、联合重组、设施联通、功能联合、平台对接、资源共享等市场化方式加强协作，共建物流枢纽，优化物流网络，推动枢纽主体功能区与辅助功能区"主辅一体"建设运营，形成枢纽内外统筹，协同运转。到2025年培育出3～5个国家物流枢纽建设与运营标杆企业。

（2）创新推进五大枢纽协作运营。

积极推动两江新区、沙坪坝区、渝北区、巴南区、万州区等区域构建"五枢纽"协作机制，推动物流枢纽之间加强业务对接，推进要素流动、信息互联、标准协同的合作机制建设，协同开展规模化物流业务，形成区域间衔接有效、往返互动的双向流通网络。

(3)统筹组建物流运营平台公司。

加快推进重庆交运集团、成都铁路局、中远海运物流有限公司等公路、铁路、水运骨干运输企业整合核心资源,以资本为纽带,通过参股、联合等多种形式组建大型运营合资公司,建立统筹协作运营平台,开展中欧班列(重庆)、国际陆海贸易新通道等多式联运、干线运输、区域分拨,提升物流一体化组织效率。支持中外企业联合组建运营平台,利用枢纽建设带动企业布局"一带一路"沿线关键节点的物流和商贸网络,重点培育面向亚欧市场的集散分拨能力。

2. 统筹推进枢纽设施集约建设

(1)统筹推进枢纽内基础设施建设。

统筹布局货运场站、多式联运设施等,鼓励不同类型枢纽协同或合并建设,支持区域间合作共建物流枢纽。扩大鱼嘴铁路物流基地建设,加快推进鱼嘴大件码头建设,持续完善果园港保税物流中心(B型)功能。完善港口枢纽口岸开放功能,积极争取将寸滩保税港区功能向果园港扩展,加快水运口岸建设,积极申报水运进口整车指定口岸。有序推进空港型枢纽服务功能建设,开工建设航空货运站(二期)、江北机场T3B航站楼和第四跑道工程;优化升级指定口岸,将其搬迁至新查验区;统筹推进第二枢纽机场和货运机场相关工作,增强空港型枢纽设施保障能力。加快完善重庆检验检疫综合改革试验区功能。完善商贸、生产服务型枢纽的基础设施功能,开工建设铁路枢纽东环线南彭货运站,有序推进新田港二期、三期建设,增强枢纽服务功能。

(2)完善枢纽口岸软硬件设施功能。

加快推进陆港型枢纽的智能检查桥、智能理货和"前期机检"通道、远程桥控作业平台、大围网管理体系、集装箱堆场管平台、航空货运智能仓库等智能化软硬件基础设施建设,搭建口岸智能作业平台、智能查验平台、智能口岸信息化平台,压缩整体通关时间,提高口岸物流服务效率。加强公路开放平台与航空口岸的联合与协作,推动公路运输与航空运输高效衔接,缩短货物进出港时间。

(三)聚焦培育高效专业物流

1.现代物流供应链

立足服务"6+1"支柱产业和十大战略性新兴产业,鼓励引导物流枢纽与制造业、商贸业协同联动和深度融合创新发展,打造以国家物流枢纽为核心的现代供应链。依托港口,支持生产服务型、港口型等国家物流枢纽建设集采购、分销、仓储、物流配送等功能于一体的钢铁、煤炭、矿石等生产制造供应链综合服务平台,探索构建个性化定制生产、云端制造等新型产业服务模式。支持陆港型物流枢纽建设全球汽车供应链服务中心,打造"枢纽+口岸+国际铁路"的口岸功能体系和一站式通关平台。加快推进安博重庆西部国际物流中心、普洛斯重庆跨境贸易物流基地、民生电商重庆金融物流园、新能源汽车智慧物流产业园、中通快递渝东(万州)智能科技产业链园区等项目建设。鼓励物流企业为长安汽车股份有限公司等制造企业量身定做供应链管理库存、"线边物流"、供应链一体化服务等物流解决方案,构建数据协同的柔性供应链和智慧供应链体系。支持陆港型、港口型物流枢纽建设提供信息发布、撮合交易、支付结算、仓储物流等综合服务的全球供应链交易平台。支持生产服务型和商贸服务型物流枢纽试点开行面向大型厂矿、制造业基地的"点对点"直达货运列车或邮轮,提高协议制运输比重,扩大大宗物资运量运能互保协议范围。积极融入全球供应链网络,聚焦汽车、笔电等领域,加强以果园港、珞璜港、小岚垭铁路物流中心、团结村集装箱中心站、重庆江北机场为核心的物流基础设施建设,深度优化国际国内供应链通道。

2.城市配送

发挥枢纽在干支衔接中的主导作用,积极引导邮政快递、电子商务、冷链物流等公用型城市配送物流设施向物流枢纽集聚,发展集中仓储和共同配送,促进物流服务网络和设施资源整合,建设一批集干线运输、物流仓储、分拨配送、信息化管理于一体的联运集配中心,增强物流枢纽服务功能。推进重庆航空物流园的重庆市快件集散中心(一期)等项目建设,提升枢纽邮件快件分拨处理功能。大力发展全温控自动化立体冷库、移动式冷链加工厂等新型冷链基础设施,鼓励应用标准化冷链仓储、运输等设施设备,加快发展铁路冷链班列,提升生鲜农产品冷链仓储、流通加工和运输比重。鼓励企业依托陆港型、空港型等物流枢纽开展冷链共同配送、"生鲜电商+冷链宅配",推动供货、运输、配送终端的无缝衔接,形成"干线运输+枢纽+神经末梢"的冷链共同配送网络。

3.国际物流

以推进中国(重庆)自由贸易试验区建设为契机,推进海关各类特殊监管区的整合、优化,促进口岸与物流协同发展,着力构建国际物流枢纽和口岸高地。做强做优陆港型、空港型、港口型枢纽的国际物流先导区,引导枢纽系统对接国家物流网络和全球供应链体系,支持发展跨境快件(邮件)、跨境电商、国际冷链等。

(1)跨境快件(邮件)。

依托铁路口岸,加快推进重庆国际物流枢纽园区的重庆国际邮件互换局、铁路口岸公共物流仓储等项目建设,提高陆港型枢纽的跨境快件(邮件)集散分拨服务能力,助推重庆成为全国性的国际水陆路邮(快)件集散中心。依托航空口岸,进一步完善空港型物流枢纽的国际快件中心服务功能,与使用包机、包舱运递快件的快递企业建设共用航空快件分拨中心,引进和培育快递货运航空公司,开展国际快件中转集拼业务,加密国际航线。

(2)跨境电商物流。

积极拓展与完善跨境电子商务公共服务平台功能,推动跨境电商向陆港型、商贸服务型物流枢纽集聚,优化枢纽跨境电子商务进出口通关作业流程,提升通关效率。积极发展跨境电商+中欧班列(重庆)、跨境电商+航空物流、跨境电商+特种商品口岸、跨境电商+海外仓等新型业态模式。完善综合保税区和保税物流中心服务功能,鼓励电商物流企业布局建设海外仓,拓展跨境电商进出口业务。大力发展鲜活农产品跨境贸易,拓展农产品出口市场。支持陆港型物流枢纽加快进出口货物海外仓和精品商品体验馆建设,鼓励跨境电子商务企业在物流枢纽内建设保税备货仓。

(3)国际冷链物流。

依托进口肉类、水果、冰鲜水产品等口岸功能,优化中欧班列(重庆)、陆海贸易新通道等干线运输组织模式,支持陆港型、港口型、空港型等物流枢纽对接东盟国家,连接广州、上海等国内重点城市,发展"国际海运+冷链班列+公路短驳"等冷藏集装箱多式联运。

4. 航空物流

大力引进航空物流企业区域总部、结算中心、分拨中心、采购中心等项目,深化与国内外航空运输企业和货代企业的战略合作,在重庆设立货运转运中心。组织航空物流枢纽主体、基地航空公司与企业开展物流供需对接,扩大货源渠道。支持货代企业开展国际国内货物"空空中转"业务,培育航空货运新的增长点,提升物流企业国际竞争力。创新航空货运产品体系和业务模式,加快发展面向集成电路、高端电子消费产品、生物制药等高附加值制造业的航空货运服务,加大"卡车航班"开行力度,构建高价值商品的快捷物流服务网络。

5. 大宗商品物流

依托小岚垭铁路物流中心,联动白市驿站,积极引导粮食嵌入国家物流枢纽服务系统,建设国家级区域粮食物流枢纽。引导煤炭、矿石、钢材等大宗商品的铁水中转,支持发展区域大宗商品物流。在果园港等大型枢纽场站,发展煤炭、橡胶、粮食等大宗商品物流,探索煤炭、粮食等集装箱化运输,推动中西部地区大宗商品物流向枢纽集约模式转型。推进枢纽与大型工矿企业、工业园区等开展合作,深化铁路门到门接取送达网络建设,探索推动大宗商品物流从以生产企业安排为主的传统模式向以生产服务型、港口型、陆港型等物流枢纽为载体的集约模式转型,促进枢纽与相关生产企业仓储资源合理配置。促进物流枢纽信息平台与第三方大宗商品电商交易物流服务平台融合,建设一批数码仓库,促进大宗商品线上交易与线下交易融合。

6. 应急物流

发挥枢纽转运能力优势,加强枢纽建设粮食等应急物资储备设施,建立基于保障长江上游粮食等安全的应急调控体系,提升应急物流设施设备的现代化水平,提高应急物流组织实施效率和应急保障能力。

(四)推进物流枢纽创新培育发展

1.建立物流公共信息平台

持续深化拓展国际贸易"单一窗口"和重庆智慧物流公共信息平台功能,建立全市物流信息协同云平台,促进跨行业、跨区域物流信息的互联互通,探索实现枢纽及铁路、港口、空港等多式联运的数据共享和一站式服务。在保障信息安全的情况下,扩大物流相关信息公开范围和内容,为物流企业和制造业企业查询提供便利。充分利用大数据、互联网等条件,加快水路、铁路、航空、道路运输等信息系统对接,鼓励开展水铁、公铁、空铁等联程运输服务,实现运力班次有效衔接、中转换乘信息互联共享。

引导枢纽内物流信息平台差异化发展。引导港口型枢纽建设多式联运信息平台,实现铁水联运、航运中转、提货预约、船舶/车辆动态跟踪、集装箱全程跟踪等信息服务。依托重庆国际物流枢纽园区正在建设的公共服务信息平台,建设陆港型多式联运信息平台,实现铁路电子订舱、多式联运服务、集装箱运输等信息服务。依托重庆江北国际机场正在建设的公共信息平台和大数据平台,建设航空型多式联运信息平台,实现电子订舱、信息发布、信息查询、市场分析等信息服务。鼓励和引导城市共同配送公共信息平台加强与重庆智慧物流公共信息平台的有效衔接,促进相关部门、大型市场主体的物流公共数据互联互通和开放共享。探索市场化机制下物流信息资源整合利用的新模式,推动建立骨干物流信息网络,畅通物流信息链,加强社会物流活动全程监测预警、实时跟踪查询。

2. 推广新技术新装备的应用

大力支持枢纽实施物流智能化改造。支持枢纽加强物流数字基础设施建设,推进货、车(船、飞机)、场等物流要素的数字化。推动枢纽应用智能搬运机器人、无人搬运车(AGV)、码垛机器人、射频识别(RFID)设备、智能定位终端、智能立体仓库、自动分拣设备等仓储、物流设备,提高枢纽仓储、分拨、配送等环节的运行效率及安全水平。加强信息化管理系统和云计算、人工智能等信息技术的应用,提高物流软件智慧化水平。

鼓励发展智能化多式联运场站、短驳及转运设施,大力推广应用集装箱、厢式半挂车等标准化运载单元和货运车辆,提高水路、铁路等不同运输方式之间的衔接转换效率。推广甩挂运输,提高运输效率。引导和鼓励各类物流台车、集装袋、物流箱等集装化装卸机具以及大型转运吊装设备、非吊装式换装设备在港口和站场的应用。鼓励枢纽内企业应用驮背运输平车、集装箱悬挂式轨道运输系统及可交换箱体、公铁两用挂车等新型多式联运装备。提升主要铁路干线货运能力,实施铁路双层集装箱运输改造。

3. 发展物流新业态新模式

加快推进公共仓储等公共性、联运型物流基础设施建设,强化物流枢纽社会化服务功能,提高设施设备共享公用水平。依托智慧物流公共信息平台,探索建立物流枢纽共享业务模式,鼓励和支持物流枢纽开展云仓储等共享物流模式,探索"商贸+互联网+物流枢纽"融合发展新模式,引导企业发展同城配送共享物流、跨区域配送众包物流等先进物流组织模式,探索发展无人机配送等创新模式。打造"轨道+仓储配送"的铁路城市物流配送新模式,构建"外集内配、绿色联运"的公铁联运城市配送新体系。

4. 探索发展物流枢纽经济

依托果园港、果园保税物流中心(B型)、危化品码头等及口岸功能建设,港口型物流枢纽大力发展大宗商品交易、国际中转贸易、临港贸易、供应链金融、危化品交易等,重点建设煤炭、矿石、钢材、石材等散货的大宗商品交易平台和大宗商品交收(交割)仓库、堆场,有序推进化学品分拨中心建设。

依托中欧班列(重庆)及铁路口岸、汽车整车进口口岸、汽车整车平行进口试点等资源要素叠加,陆港型物流枢纽优化发展加工贸易,鼓励发展转口过境贸易,重点支持东南亚的咖啡、橡胶、粮食、水果等商品通过口岸保税区中转至中亚、俄罗斯、中东,打造国际商品中转中心。做优国家跨境电商综合试验区,构建进出口双向的跨境电商产业集群。集聚国际货代、船运龙头企业,构建西部地区国际货代区域结算中心。聚合构建贸易配套,打造总部贸易集聚区,构建国际化展销平台,加快实施进出口双向的"一带一路"商品采购展销平台B2B项目,构建进口汽车、消费品、食品等特色优势商品的B2C线下体验销售中心。加快推进西部进口整车及零部件分拨中心建设,打造汽车整车进口全产业链。积极筹建国际化、集装化、信息化的铁路物流港,打造集仓储、配送等功能为一体的全程物流链条。

依托重庆江北机场和航空口岸,空港型物流枢纽开展高端国际贸易,完善冷链物流、跨境快件(邮件)、城市配送、保税仓储等物流供应链体系,加快引进并做大基地航空公司,深化与具有全球影响力的大型网络化航空公司的合作,增加运力投放,推动客货协调发展,做大做强航空运输规模,提升空港型枢纽经济发展能级。

依托铁水等多式联运,生产服务型枢纽大力发展煤炭、矿石等大宗商品中转,推动传统制造业供应链组织优化升级,培育现代制造业体系。商贸服务型枢纽依托"互联网+",加快推动华南城、协信汽车公园等专业市场集群转型升级,促进传统商贸向平台化、网络化转型,大力发展电商供应链产业中心、国际贸易信息产业中心、多式联运智慧贸易物流中心,带动相关产业集群发展。

九、国家物流枢纽建设保障措施

(一)加强枢纽协同推进管理

市发改委、市政府口岸物流办、市交通局等有关部门建立国家物流枢纽培育和发展工作协调机制,统筹推进全市国家物流枢纽布局、申报、建设等工作。在符合国土空间规划的基础上,加强与综合交通运输规划等的衔接。建立物流枢纽重大项目储备库制度,定期研究解决国家物流枢纽建设过程中跨部门、跨区县的重大问题,打破各种政策壁垒,强化资源共享,形成工作合力和政策协同。

(二)建立动态评估调整机制

市发改委、市政府口岸物流办、市交通局等有关部门建立国家物流枢纽评估和动态调整机制,并建立指标体系及统计评价制度,对枢纽建设和运行情况进行全程跟踪监测。在实施过程中,将由市场自发建设形成且对完善全市物流网络具有重要意义的枢纽及时调整纳入规划范围,使其享受相关政策。对长期达不到建设要求或无法有效推进枢纽实施的园区要及时调出。认真落实有关部门和枢纽主体责任,编制年度工作计划,明确责任项目内容和完成时限,动态监控年度计划执行落实情况。

(三)优化枢纽培育和发展环境

持续深化物流领域"放管服"改革,支持国家物流枢纽的运营企业通过技术创新、模式创新、管理创新等方式提升运营水平,为入驻企业提供优质服务。规范枢纽内物流服务企业的经营行为,严格执行明码标价有关规定,坚决消除乱收费、乱设卡等行为。协调规范和清理铁路环节服务收费,进一步规范和清理港口收费。落实好果园港的启运港退税政策,降低物流企业运营成本。加快优化完善果园港的启运港退税功能,降低企业运营成本。深化通关作业改革,简化作业手续、提高通关效率,实现"一次申报、一次查验、一次放行"。支持区县相关部门在国家物流枢纽统筹设立办事服务机构,支持交通、公安、市场监管、税务、邮政等部门进驻枢纽并开展联合办公。依托"单一窗口"建设,优化通关通检服务,形成便捷高效的通关通检环境。落实物流枢纽内企业失信联合惩戒制度,为国家物流枢纽发展提供良好信用环境。

(四)强化土地供给保障

推动国家物流枢纽规划和物流项目选址与城市总体规划、土地利用总体规划以及综合交通运输体系规划的衔接,国家物流枢纽的基础设施项目、物流项目和符合智能化、标准化、绿色化等现代物流业发展方向的物流项目建设用地优先纳入年度土地供应计划。其中的物流项目参照工业项目用地价格标准,实行招拍挂有偿使用;物流项目土地出让后两年内没有开工建设的,出让方有权依法收回。鼓励通过"先租后让""租让结合"等多种方式向物流企业供应土地。对利用工业企业旧厂房、仓库和存量土地资源建设物流设施或提供物流服务,涉及原划拨土地使用权转让或租赁的,经批准可采取协议方式办理土地有偿使用手续。

(五)加强物流枢纽财税支持

国家物流枢纽内的物流项目参照工业项目用地价格标准实行招拍挂有偿使用,参照工业项目收取征地统筹费。在符合规划、不改变土地用途的前提下,对国家物流枢纽内物流企业利用现有厂房改造建设,增加容积率用于仓储、包装、运输装卸等生产性用房的,不再征收土地出让金,并按规定完善相关手续。经国家发展改革委和交通运输部共同认定的国家物流枢纽内的物流项目生产性用房(厂房和仓储用房)免征城市建设配套费;确因地质和地形条件限制不能配套建设防空地下室的,生产性用房(厂房和仓储用房)免征人防易地建设费。

(六)拓宽枢纽投融资渠道

统筹中央及市级财政资金设立市级国家物流枢纽建设发展专项资金,重点支持物流枢纽铁路专用线、多式联运转运设施、物流公共信息平台、集疏运公路以及内部道路等公益性较强的基础设施建设。充分利用实施中新(重庆)战略性互联互通示范项目等契机,积极争取国家物流领域政策支持和改革创新试点。

按照市场化运作原则,鼓励符合条件的金融机构或大型物流集团等发起物流产业发展投资基金,鼓励包括民企、外企在内的各类社会资本共同参与国家物流枢纽规划建设和运营。重庆产业引导股权投资基金和重庆现代物流产业股权投资基金重点支持物流枢纽铁路专用线、多式联运转运设施、物流公共信息平台、集疏运公路以及内部道路等公益性较强的基础设施建设。搭建海外融资渠道和国际合作平台,鼓励符合条件的金融机构或大型物流集团等发起物流产业发展投资基金。支持枢纽内符合条件的物流企业发行各类债务融资工具,拓展市场化主动融资渠道,稳定企业融资链条。鼓励包括民企、外企在内的各类社会资本共同参与国家物流枢纽规划建设和运营。

积极探索铁路提单融资促进重庆陆上贸易发展研究

JIJI TANSUO TIELU TIDAN RONGZI
CUJIN CHONGQING LUSHANG MAOYI FAZHAN YANJIU

积极探索铁路提单融资促进重庆陆上贸易发展研究

（2019年12月）

前言：推进铁路提单融资，对重庆市利用区域优势发展陆上贸易，建设内陆开放高地，落实习近平总书记对重庆发挥"三个作用"的要求具有重要的现实意义。本课题剖析了当前重庆市铁路提单融资的客观条件和运作特征，梳理出重庆市铁路提单融资面临的发展难点，针对性提出了实现铁路提单融资标准化、便利化发展，以及推动设立陆上贸易规则的"三步走"工作路径和相关政策建议。

一、应运而生的铁路提单融资是重庆建设内陆开放高地独特而有前景的创新举措

（一）铁路提单融资应中欧班列（重庆）开通而生

随着国家"一带一路"倡议的持续推进，重庆与"一带一路"

---

*课题组组长：童小平。课题组副组长：严晓光、何霭先。课题组成员：古旻、胡国正、王红、邓翙平、雷恒、王志益、陈乾、董怡储。

沿线国家和地区的经贸合作往来日益频繁、不断加深，特别是中欧班列（重庆）的开行、中欧国际联运通道功能的更大发挥，以及中新（重庆）互联互通项目国际陆海贸易新通道南向班列的开通，通过陆路开展的国际贸易货值规模越来越大，货物品种越来越丰富。2019年上半年，中欧班列（重庆）共开行851班、运送货物7.54万标箱，同比分别增长118.2%、133.8%，延续了2018年开行量翻番的良好态势。2018年，中欧班列（重庆）已经可以抵达"一带一路"沿线15个国家，进口货值超过60亿元人民币，同比增长30%。2019年上半年，中新（重庆）互联互通项目国际陆海贸易新通道（简称"陆海新通道"）铁海联运班列累计开行441班，其中上行261班，下行180班，已完成全年目标700班的63%，实现"天天班"双向对开和上下行的平衡；联运目的地覆盖全球76个国家和地区的180个港口。截至2019年9月，中欧班列（重庆）累计开行超过4100班，陆海新通道铁海联运班列开行突破1200班。进出口货物已涵盖汽车整车及零配件、建筑陶瓷、化工原料及制品、轻工及医药产品、粮食、生鲜冻货等300余个品类，实现了"一带一路"和长江经济带在重庆的无缝衔接。

　　陆上国际贸易的蓬勃发展、中欧班列（重庆）的增量运行，使市场主体在结算、汇兑等传统金融业务基础上对跨境金融服务提出了更高的要求，衍生出对铁路提单质押融资的政策创新需求。

　　大部分参与陆上国际贸易的商贸、物流、运输企业以轻资产经营为主，资产规模较小，融资抵押物不足，资金周转要求较高。然而，商业银行服务一般采取综合授信方式，融资产品设有准入要求，部分业务还须缴存一定比例保证金。陆上国际贸易市场主体条件与商业银行的要求难以匹配，成为制约陆上国际铁路提单融资的主要因素。同时,铁路提单的标准不一、物权属性不明确、国际操作经验空白等,也影响铁路提单融资的创新和运用,不利于陆上国际铁运贸易的规模化发展。为了促进"一带一路"国际贸易,特别是中欧班列(重庆)更好地发展,落实好习近平总书记对重庆在推进共建"一带一路"中发挥带动作用、在推进新时代西部大开发中发挥支撑作用的要求,在市委、市政府的领导下,相关方面协同努力,展开了探索赋予铁路提单物权属性、创新铁路提单融资路径的实践,收到了积极效果,展现了良好前景。

(二)铁路提单融资对重庆建设内陆开放高地提供了新支撑

1.支撑陆上贸易,打造内陆开放高地新优势

重庆自贸试验区启动建设以来,始终把陆上贸易规则探索作为个性化创新的重点方向。所谓陆上贸易规则,是指服务于国际贸易中铁路、公路等陆上运输方式而形成的安全、高效、便捷、规范、有国际共识的、各方能约定遵守的规则、准则和管理办法。陆上贸易规则探索,包括围绕陆运货物的交付、运输、接收、保管,以及结算、融资、保险、理赔、责任限制、风险转移等环节,创新构建完整的陆上贸易规则体系。其中结算和融资在陆上贸易规则中有着牵引作用,处于现代贸易体系的核心位置。目前,全球85%以上的贸易通过海运实现,全球贸易规则也主要服务于海运贸易,陆上贸易要获取更高接受度,打破市场主体对海运贸易业已形成的路径依赖,必须建设便利化、标准化的金融物流体系,带动基于铁路、公路运输的陆上国际贸易统一规则的形成。重庆自贸试验区探索实践的标准化低成本融资工具"铁路

提单",有利于解决陆上贸易发展难题,助力内陆地区建设陆上国际物流新通道,形成内陆开放新优势。

2. 支撑多式联运,增强重庆国家物流枢纽综合功能

重庆地处"一带一路"和长江经济带联结点,已初步具备国家物流枢纽综合功能,正在建设成西部地区唯一"铁公水空"国际立体多式联运体系。向东经由长江黄金水道及渝甬等沿江铁海联运到达全球各地,向西通过中欧班列(重庆)连通欧洲,向北通过"渝满俄"铁路可通俄罗斯,向南打造陆海新通道直达东南亚,居中设有国际航空航线。铁路运输在重庆多式联运体系中有着重要作用。目前,重庆市多式联运发展水平还不够高,铁运贸易还不够强,更缺少协同、互认、便捷高效的陆运、海运相连的国际贸易规范。由于陆运和海运的运输规制不一、单据效力不同,多式联运单据无法贯穿整个贸易过程,以致多式联运并不便利,制约了物流枢纽综合功能的发挥。

铁路提单融资的发展可在一定程度上有效解决联运成本较高和联运操作不便的问题。一是引入金融机构信用,增加对中小市场主体的金融支持,分担生产经营风险,提高资金周转效率,降低联运综合成本。二是建立统一的铁路提单规则,结合海运单据的原则和要素,建立可与海运单据具有同等效力,且可互认或共用的铁路提单规则,进一步便利铁路与海运贸易的转运、联运。三是铁路提单融资的路径畅通后,可将相关经验复制推广到公路运输,进一步支撑海上、陆上、空中贸易多式联运。四是以铁路提单融资为切入点而发展起来的多式联运将大大提升重庆的集货效应,可进一步发挥陆上运输效率较高的优势,吸引更多的商家选择陆运或联运方式,刺激班列运载规模扩面增量,降低成本,进而增强重庆国家物流枢纽综合功能。

3.提升内陆开放水平,带动重庆国际大都市建设

随着中欧班列(重庆)的快速发展以及陆海新通道的建设,重庆陆上贸易和多式联运贸易大幅增长,辐射地区、企业不断增多,但目前的开放水平难以充分、有效满足市场主体日益提升的开放需求与跨境贸易融资日益增长的需求,难以支撑重庆国际大都市建设。

推进铁路提单融资的探索和推广将切实提升重庆开放水平,带动重庆国际大都市建设。一是推进铁路提单融资要素的开放,包括基础贸易物流、商品流的开放,衍生交易资金流、信息流的开放,以及深层次人才流的开放等。推进铁路提单融资要素开放,将带动重庆与"一带一路"沿线国家实现双向互联互通,实现商品、产业、资金和人才的集聚。二是推进铁路提单融资规则的开放创新,包括基础贸易的铁路提单规则的开放创新,衍生交易的国际金融结算、融资规则的开放创新,以及高层次的陆上贸易规则的开放创新等。通过创新铁路提单融资规则,实现以点带面的规则开放创新示范效应,为探索内陆开放规则,形成地方制度优势积累经验,向国内外市场主体释放重庆开放创新的积极信号,消除市场主体对政策不确定性的担忧,有助于吸引更多国内外机构进入重庆。三是推进铁路提单融资重庆区域优势的形成,这是重庆区域发展与区域竞争的有力抓手,有利于重庆打造内陆贸易中心,联动东南亚与欧洲协同发展。

(三)铁路提单融资带动重庆金融和自贸区制度创新

由于以海运贸易方式为主的国际贸易规则无法适用于陆上贸易,而西部地区大部分对外贸易须通过陆上运输或陆运转海运

进行,所以推进铁路提单融资具有现实意义。在推进过程中,正在形成中国人民银行重庆营管部与辖内商业银行、中国人民银行重庆营管部与政府管理部门等多层次的工作协作机制,其共同运用陆海新通道、自贸区等国家重点开放平台进行实践探索、经验复制,并形成国际认可的一系列创新制度与联动机制,已收到实实在在的成效。一是已实现了铁路提单开立国际信用证、办理质押融资的突破与常态化运作。二是获得了国家领导人及国家相关部委的肯定。李克强总理在自贸区座谈会上对重庆探索陆上贸易结算方式创新给予了肯定;商务部已将这方面的工作提到国家层面上来推进,2019年初正式就铁路提单和多式联运提单格式文本及相关协议规范征求重庆等相关地方意见。三是取得了国际协会的认可。2018年9月初,由重庆自贸区提出的"区域合作国际铁路公路运输单证标准化体系建设项目"获得中亚区域承运人和货运代理人协会联合会(CFCFA)通过。

深化推进铁路提单融资,将带动重庆金融和自贸区制度进一步创新。一是带动融资产品的创新。目前的铁路提单融资仅涉及货物进口端,而当其获得更多国际运输、贸易等行业协会和国际组织的认可,将带动出口端融资产品的创新。二是带动金融规则的创新。铁路提单融资经历了从无到有,从国内到国际的推进过程,在这个过程中,金融监管部门、市场主体与政府部门的多方推进机制,各省区市的复制机制,依托开放平台、开放通道的创新试点机制等为后续的自贸区或陆海新通道金融开放提供了可参考、可复制的路径,驱动着金融和自贸区制度的进一步创新。三是带动人民币国际化。铁路提单融资以人民币融资为切入点,随着中欧班列(重庆)和陆海新通道的发展,铁路提单融资规模将相应增大,进而带动人民币在国际贸易中的使用比例。总之,推进铁路提单融资将带动重庆融资产品、金融规则的创新,并助力人民币国际化,有助于重庆金融和自贸区的制度创新,也有助于重庆建立立足西部、面向东盟的内陆国际金融中心。

二、铁路提单融资重庆创新实践的特征解析

(一)在原有铁路运单的基础上创设铁路提单

2017年,重庆市便从贸易融资结算入手,寻找解决陆上贸易融资问题的新方式,探索创设陆上贸易新机制。首先,由中国人民银行重庆营管部牵头联合重庆市财政局、重庆市商务委员会、重庆市交通委员会、重庆市中新示范项目管理局、重庆市人民政府口岸和物流办公室(简称"市政府口岸物流办")、重庆市高级人民法院、重庆银监局、重庆保监局发文,推出铁路运单融资指导意见,启动铁路运单金融化创新实践。所谓铁路运单,是由承运人签发的,证明货物由承运人接管、运输到目的地并保证据以交付给指定收货人的不可流通、不可转让的单证。它具有运输合同和货物收据的作用,是证明承运人履行货物运输义务并与托运人、收货人划分责任的法律依据(涉及的当事人有三方,收货人名称记载在运单上)。其流转机制为随车(货)流转,与货物同时到达目的地后,收货人出具身份证明即可领取货物,承运人将货物交付给收货人后即宣告合同义务完成。其运作机制可概括为"认人不认单",与日常生活中快递公司快递单性质相同。由于其不可流通和转让,且《国际铁路货物运输公约》(简称

"《国际货约》")、《国际铁路货物联运协定》(简称"《国际货协》")以及《中华人民共和国物权法》(简称"《物权法》")均未表明铁路运单具备物权凭证功能,所以铁路运单不能控制货权,也就不能延伸融资功能。

为了探索铁路运单金融化创新实践,重庆市银行选择了资信较高的可靠贸易企业,以铁路运单作为国际信用证开立和议付的核心单据,采用要求企业缴纳全额保证金的形式,为重庆平行汽车进口贸易企业提供国际贸易金融服务。这种方式使铁路运单的金融化创新实现了融资零的突破,但在具体操作中,铁路运单物权属性的缺失和不可流通转让的特质使得银行法务及风控部门始终对铁路运单融资业务存有疑虑。在银行受理铁路运单融资业务时,铁路运单本身作为核心议付单据发挥的融资功能有限,银行主要还是以企业本身信贷资质来综合授信,铁路运单融资实质仍在一般授信贷款业务框架中。同时,铁路运单融资业务中,银行手中缺少控货权凭证,融资风险敞口未能得到有效覆盖,铁路运单融资风险管理核心环节存在隐患。因此,重庆市在运用铁路运单延伸融资实践的基础上,借鉴海运提单中"货代提单"的部分要素,创新设计可流转和具有货权控制的双重机制,首创了铁路提单(创设思路如表2-1所示)。其中提到的"海运货代提单"是由海运货代方基于船公司(承运人)签发的海运提单再次签发的提单,持单人在目的港需要向换单公司换取海运提单后才能向船公司提货。海运货代提单主要适用于零散货物,便于延迟交货和货代人控制货权,较为灵活。一般要求签发人是实力雄厚、资信良好的货代公司或无船承运人,需向交通运输部备案,在信用证融资方式下,还需要获得银行认可。货代提单和普通海运提单一样,是证明货物已由承运人接收或装船、运输到目的地港口并保证据以交付货物的可流通和转让的单证。它具有运输合同、货物收据和物权凭证的作用。提单中的收货人可为记名人、指示人或空白，承运人保证据以向记名人、被指示人或提单合法持有人（经背书转让的受让人）交付货物，涉及的当事人有多方。其运作机制可概括为"认单不认人"，它可以流通和转让，是重要的物权凭证，能控制货权，其流转机制一般为托运人向承运人或者货代方取得提单后交付银行系统流转，利用其货权功能向银行申请融资，是国际贸易结算和融资的核心单据。

表2-1　铁路提单创设思路

以铁路运单为基础		借鉴海运货代提单	
铁路提单的签发以铁路运单的签发为依据。	铁路提单的内容要素以铁路运单中主要货物及运输信息要素为基础。	铁路提单的收货人设置以海运提单模式为参照。	铁路提单的流转机制借鉴海运货代提单方式进入银行系统流转。

（二）创设铁路提单流转控货机制，初步实现铁路提单具备海运提单同样的控货功能

铁路提单相对于铁路运单在铁运物流金融方面有了重大突破，其本质是对铁路运单流转控货机制进行了重新设计，培育了铁路运单的控货功能。控货功能主要体现在铁路提单物权凭证效力与实物控制效力两个方面。

第一，在物权凭证效力方面，明确以铁路提单为核心融资单证，开展相关业务的各方通过事前协商，一致同意采用铁路提单背面条款、铁路提单货物进口业务四方合作协议等《合同法》下

的贸易规则与协议暂代《海商法》，对提单货权凭证起到法律支撑作用，构建起委托人、货代方、银行、金融物流服务公司共同遵守的交易规则，使铁路提单在法理层面初步达到同海运提单一样的物权凭证效力。其中，重庆物流金融服务公司（简称"物流金融公司"）有着重要支撑作用。该公司是重庆市人民政府于2017年设立，由重庆市地方金融监督管理局主管并监管的创新型综合类地方金融机构和金融服务平台，持有担保、小贷、商业保理、结算和资产管理等金融牌照，在铁路提单融资业务中，监制铁路提单签发，并为申请铁路提单融资的企业提供增信等综合物流金融服务。

第二，在实物控制效力方面，明确货权归银行掌控，货代方接受银行指令，承担全程跨境运输的控货责任。运输时，为避免与铁路运单冲突以及确保控货机制的封闭性，约定将铁路运单的收货人调整为货代方及其分支机构，保证了货物实物在承运人运输过程中始终在货代方控制之下。提货时，货代方只认可铁路提单正本是最终提货的唯一凭据，提货人必须是提单正本的记名收货人或银行指令并记名于铁路提单正本收货人中的受让人。构架了货物实物由货代方代为运输、保管及控制，货权归银行掌握的分离方式，形成货物与货权在运输环节分离，在境内交付环节合并的闭合机制，有效实现了银行通过货代方对货物实物的控制。

重庆市创设的铁路提单流转控货机制的重点环节解析如下。

一是铁路提单的内容与签发。在确保纳入必需的国际铁路联运信息前提下，铁路提单从形式到实质都尽量与海运提单保持一致。根据其功能要求，其核心内容包括：货物收据证明部分、运输合同证明部分和物权凭证部分，分正面条款和背面条款

(物权凭证部分则涵盖物权凭证的声明)。同时,作为全式提单,铁路提单还含有签发人批注事项、签章等。其中"收货人"应为"To order of ×× bank"(凭银行指令)或满足要求的记名收货人,但不能为不记名收货人,即不设置除银行外的其他背书、流通和转让功能。铁路提单设置正本和副本,采用三正三副方式,以防止遗失和毁坏。正本作为提货的唯一单证,副本用于开展日常工作,一份正本提货后,其他正本自然失效。在提单的内容设置上,铁路提单物权凭证的范式已完全具备。

铁路提单仅由设定的综合实力强、资信程度高的货代方签发,目前作为签发人的只有中外运重庆公司、渝新欧(重庆)物流有限公司、民生物流有限公司。签发依据为承运人签发的铁路运单以及包括境外监测机构在货物发运地出具的监测报告和国内进口商出具的货物符合性申明在内的其他单证。货代方在签发铁路提单后,即保管铁路运单,在整个货代环节不交付给第三方。铁路提单与铁路运单相互衔接,货代方通过持有铁路运单,实际上从货物交付承运人开始,就从源头上实现了对实物货权的有效控制。

二是铁路提单的流转。货代方将签发的铁路提单正本三份、副本三份交付给境外托运人。境外托运人在信用证结算方式下连同其他单证向境外银行(国内开证行的代理行)交单。境外银行再向国内开证行传递铁路提单及其他单证。国内开证行收到铁路提单及信用证项下其他单证并严审无误后,国内进口商在规定期限内及时付款赎单,或办理远期承兑手续,或申请进口押汇。国内进口商付清信用证项下款项后,开证行向国内进口商交付全套单证正本,国内进口商向货代方提交铁路提单正本办理提货。全流程为:

(1)国内进口商和境外出口商签订买卖合同。

(2)国内进口商与物流金融公司签订一体化物流监管及开证融资增信合作协议。

(3)物流金融公司、货代方、国内开证行签订三方合作协议,标明各方权利和义务。

(4)国内进口商向银行申请信用证融资业务,物流金融公司提供增信支持。

(5)国内开证行开立信用证,向境外代理行发送电文。

(6)境外代理行收证,通知出口方备货出口。

(7)货代方验货后,向承运人办理托运并装车,承运人签发运单给货代方。

(8)货代方根据运单等单据,签发铁路提单交付出口方。

(9)出口人将铁路提单等议付单据交给境外通知行。

(10)境外通知行向国内开证行传递信用证全套议付单据。

(11)国内开证行通知国内进口商提单等议付单据到达,并提供提单副本。

(12)国内进口商若对单据无异议,则准备资金支付信用证款项(如资金不足可以向开证行申请进口押汇等融资)。待信用证剩余款项结清后,开证行向进口商提供提单正本。

(12)国内进口商用提单正本向货代方提货。

全流程铁路提单与铁路运单互相衔接,铁路提单作为物权凭证进入银行系统流转,铁路运单随车流转,用于货物运输的需要。货物运输与货权流转实现分离,铁路提单的金融功能得以初步发挥。

(三)创设四种铁路提单信用证开立方式

目前,重庆市以铁路提单或类似铁路提单的单据为开证及核心议付依据的国际信用证业务开立主要有四种方式,其单据设置的基本逻辑和流转机制基本一致,但因为各方式具体应用场景不同,故在表现形式、担保增信等细节上各有特色。

1."四方合作协议"创设铁路提单方式

首先,物流金融公司与境内开证申请人签订一体化物流监管及开证融资增信合作协议,物流金融服务公司负责为国内进口商申请开立国际信用证事宜提供增信担保。其次,开证行、货代方、第三方监管机构、物流金融公司签订四方合作协议,约定进口货物的物权自愿转移给提单持有方,明确货代方在国际铁路联运环节的货代权利、义务和责任。其中,物流金融公司和综合实力强的货代方联合推出铁路提单,物流金融公司为提单监制方,货代方为提单签发人,最终在物流金融公司的增信担保和货代方对货物实物控制的履责协议下,银行直接以铁路提单为核心依据,开立国际信用证。2017年12月22日,全球首笔铁路提单国际跟单信用证成功开立,至今已签发铁路提单信用证30余单,融资结算金额超5000万元人民币,保证金比例已由最初的100%降至20%。该信用证根据铁路提单控货机制保证了开证行对进口货物的控制权,同时,境外任何银行都可以议付铁路提单信用证,且开证行承诺在信用证不存在不可接受的不符点的情形下到期按时兑付,初步实现了即期融资、进口押汇、远期承兑和支付结算等功能。

2. 取代铁路运单的铁路货代单"一单制"方式

由重庆国际物流枢纽园区①签发的铁路货代单取代了铁路运单，相当于"一单制"，作为国际信用证开立的核心依据。这种方式没有直接采用"铁路提单"名义，但铁路"货代单"实际上承担着与铁路提单相同的功能。具体流程为：有购货需求的企业（即委托方）提出购货需求，与口岸公司签订合同，委托其作为代采人和收货人；口岸公司再委托货代公司开具铁路货代单（相当于铁路运单），且以此货代单为核心单证，缴纳货品价值20%的保证金，向银行申请开具铁路贸易信用证；货代公司承担验货、接货、订仓、承运的责任；货到岸后，由指定的仓储企业监管存储货物；之后，口岸公司向货代公司提货，并向购货方收取货款后交货。目前该模式已经开立进口信用证226万欧元。这种方式集口岸公司的代、采、增信（相当于担保）与全程实际控货于一体，货代单作为实际具有控货能力的单证进入银行信用证跟单凭据，在特定条件下，规模化发展的潜力较大。

3. 海运提单延伸为铁海联运提单方式

在国际陆海贸易新通道铁海联运中，由于海运时间更长、占主导地位，且海运提单上标注了覆盖铁路的最终目的地。为了便捷服务于陆海新通道的发展，在中国人民银行重庆营管部的指导支持下，辖区银行已经普遍接受海运提单延伸为铁海联运提单单证方式。海运提单信用证开立方式成熟，铁路提单融资方式与一般海运提单融资方式要点基本一致。该方式已经成功为通过铁海联运班列进口锰矿、铜矿等的企业开立了进口信用

---

① 重庆国际物流枢纽园区：原名"重庆西部物流园"，2019年6月更名为"重庆国际物流枢纽园区"。本文中对其名称按更名时间，更名前一律用"重庆西部物流园"或其简称"西部物流园"，更名后用"重庆国际物流枢纽园区"，正文中不再作说明。

证10亿多元人民币。

4."运单+应收账款池"增信方式

巴南区依托南向陆上国际贸易,探索"公路+铁路"联运,推出"运单+应收账款池"方式。该模式并未对公路或公铁联运运单做任何改动或约定,只是针对运单无物权导致融资功能差的问题,锁定相应企业出口应收账款入池增信。企业需要用款时,将出口池内的应收账款质押给银行,同时将出口铁(公)路运单单据、贸易合同、发票等资料通过线上电子流程同步提交给开证银行,按照一定比例打折后生成可用额度。企业在可用额度内通过线上方式提款。这一方式为企业提供了资金支持,使企业能更好地开展出口贸易。目前,巴南区已通过"运单+应收账款池"增信方式融资987万元。

综上,重庆市目前的四种陆上贸易信用证开立方式通过不同操作与增信方式,均实现了提单或运单(具有提单功效)进入银行系统流转的目的,不同程度地发挥了物权凭证才拥有的融资功能。其中,直接以铁路提单名义开立信用证的方式在规范化和标准化上拥有明显优势,具备逐步发展成为陆上国际贸易准则并最终完全发挥铁路提单金融功能的规则基础。其余三种方式则均是针对具体业务或单个核心企业特质而产生的,标准化潜力相对较弱。但其在解决当前陆上贸易融资问题上具备高效率、低成本的优势,在特定领域受到市场主体欢迎,可以说,是很现实管用的过渡方式。(参见表2-2)

表2-2 四种铁路提单融资方式比较分析表

项目	主要应用场景及特点	相对优势	存在的缺陷
"四方合作协议"创设铁路提单方式	应用场景可涵盖一切陆上进出口铁运贸易。	标准化、规范化程度高，具备发展成为国际通行的、服务一切铁运进出口贸易的陆上贸易融资结算规则的潜力，融资模式可复制，可推广。	1.铁路提单作为新生事物,在法律支持方面还存在缺陷,国际市场和银行接受度不够。 2.贸易规则培育周期可能较长,短期对贸易企业融资效率的提高可能并不显著。
取代铁路运单的铁路货代单"一单制"方式	主要应用于进口贸易,且具有高度依赖特定核心口岸公司及进口贸易货代企业的特点。	由综合实力强的核心口岸公司及货代企业提供增信控货一体化服务,银行授信认可度高,陆上贸易融资高效便捷,短时间内即可规模化发展。	1.融资模式中心化,高度依赖特定核心口岸公司及货代企业,模式可推广性受限。 2.银行融资与核心口岸公司及货代企业资信挂钩,往往占用企业授信额度,限制了贸易融资上限。

108

续表

项目	主要应用场景及特点	相对优势	存在的缺陷
海运提单延伸为铁海联运提单方式	主要应用于铁海联运中的进口贸易。	实质是采用海运提单进行融资,而海运提单法律体系完备,融资模式成熟,市场与银行接受度很高。	1.必须与海运挂钩,且以海运为主体。 2.纯陆上贸易融资应用场景使用不上,在构建陆上贸易规则中的功能有限。
"运单+应收账款池"增信方式	主要应用于关联企业的出口业务融资。	目前唯一对出口业务提供融资支持的方式。	1.该方式实质是供应链金融,运单等单证融资功能有限。 2.增信方式依赖关联企业保障应收账款安全性,不适用于非关联企业之间的贸易融资,规模化发展受限。

当前,除重庆开展的铁路提单融资探索外,成都和郑州也进行了有益尝试。成都方式和郑州方式相似,成都方式与重庆方式比较,主要有以下三个方面的异同。一是从机制设计上看,重庆、成都的铁路提单融资都是基于"货代方开单+货物全程监管+担保增信"这一基本操作逻辑,均采用货代方对货物的全程监管来保障开证行控货权力。二是从市场化程度上看,重庆方式具备较高的市场化程度,全部流程都遵循了市场主导、各环节参与者独立运营、多方协作的原则,具有较好的商业可复制性和可持续性。成都方式从开单到担保增信等业务则更中心化,中国国家铁路集团有限公司(即原中国铁路总公司)入股的方略陆

港集团(简称"陆港集团")作为多式联运经营人,一定程度上实现了承运人、货代方和担保方的统一,整个融资基本依靠陆港集团及其大股东"中国铁路"的强大资信推动运转,市场化程度较受限。三是从融资效率上看,成都方式签发提单过程中协调主体少,近期综合成本较低,尤其是在法律支撑还不完善的情况下,较容易获得银行认可(目前在我国的《物权法》中,对多式联运提单也有较明确的界定,部分规避了创设初期铁路提单的法律风险)。因此,只要在陆港公司及中国国家铁路集团有限公司业务辐射范围内,成都方式的融资效率及融资模式推广效率较高。重庆国际物流枢纽园区货代单"一单制"方式与成都方式较为接近。

(四)创设风险控制与责任分担机制

为铁路提单融资业务设计的风险管理机制主要分为风险控制和责任分担两个部分。风险控制主要涵盖前中后三个阶段。前期,主要由物流金融公司负责对开证申请人进行尽职调查,验证其贸易背景的真实性,化解银行与开证申请人之间的信息不对称难题,并对融资业务进行担保增信。中期,即货物在途运输环节,主要由货代方履行四方合作协议义务,保障银行通过货代方对货物实物拥有有效控制权,其中物流金融公司负责协助银行对物流全程进行监管,并对货物价值进行监测。后期,即货物到达口岸后,主要由物流金融公司协调口岸公司或仓储方,妥善保管并协助银行监管货物,直至国内进口商付清全部融资款项。

责任分担主要体现在保障机制或损失发生后的赔付机制设计上。一是在保证金方面,开证申请人需缴纳不少于货值20%的保证金,具体比例视开证申请人资信而定,该保证金优先赔付银行融资款项。二是在责任损失方面,如若国内进口商弃货或无力偿付信用证款项,物流金融公司作为开证担保增信方,将追索国内进口商所欠款项,同时优先以自有资金保障银行权益。对于追索国内进口商所欠款项方式,物流金融公司主要是利用提单货权控制功能,根据合同约定,组织货代方转让货物,或组织供应链管理公司转卖货物,转让、转卖收入用于补偿该公司垫付的融资本息及相关费用。如若是货物运输、交付、保管环节中的责任损失发生,物流金融公司作为协助银行监管者,将要求责任方赔偿,并在必要时以自有资金先行赔付银行。如果在投保情况下,保险赔付未能覆盖全部风险敞口,或市场自然价格波动导致货物贬值出现风险敞口,物流金融公司在组织转让、转卖货物时,将与开证行按协商比例共同承担敞口部分损失。截至目前,重庆市铁路提单融资业务还未出现违约等风险事件,这套机制还无实施案例。

三、铁路提单融资具备的必要政策条件与进一步发展的难点和举措

(一)已具备的必要政策条件

1. 国家支持有条件的自贸试验区研究和探索赋予国际铁路运单物权凭证功能

国务院在2018年11月23日下发的《国务院关于支持自由贸易试验区深化改革创新若干措施的通知》(国发〔2018〕38号)第

十八条中明确指出:"支持有条件的自贸试验区研究和探索赋予国际铁路运单物权凭证功能,将铁路运单作为信用证议付票据,提高国际铁路货运联运水平。"中央改革办《关于自由贸易试验区建设情况的督察报告》中,明确要求相关部委"支持重庆自贸试验区国际多式联运体系建设,探索陆上贸易新规则"。重庆市创设的铁路提单正是对铁路运单物权凭证功能及信用证议付票据融资功能的一种探索。此措施来源于重庆实践,也需要重庆继续深化。

2. 市相关部门搭建起铁路提单融资的协作机制,并就提供法律依据形成共识

2017年12月28日,中国人民银行重庆营管部、市财政局、市商委、市交委、中新示范项目管理局、市政府口岸物流办、市高级人民法院、重庆银保监局联合下发了《关于推进运单融资促进重庆陆上贸易发展的指导意见》。该意见在阐明工作原则、目标及工作内容的同时,对政策保障及各单位协作机制做了明确要求。多部门积极推动业务落地。市金融办等部门推动组建了重庆物流金融服务股份有限公司。市高级人民法院对相关法律问题也进行了研究,经过三次初步论证,认为铁路提单除了货物运输方式与海运提单不同外,本质上与海运提单并无差别。因此,赋予铁路提单物权凭证功能具有一定法律可行性,可将《物权法》中的"提单"作扩大化解释,把"铁路提单"解释为《物权法》中"提单"的一种类型,从而在无专属规范铁路提单法律的情况下,从实际操作层面为推动铁路提单融资提供了法律依据。与此同时,已挂牌成立的重庆自贸试验区法院致力建设涉外商事案件的专业化审理机制,也将为探索国际陆上贸易规则,深化铁路提单融资提供有力支持。这些都为重庆市继续深入推进铁路提单融资提供了政策制度保障。

3. 中亚国际区域和联合国相关组织同意展开国际铁路提单有关问题研究，提高了铁路提单的国际认可度

铁路提单要真正发挥像海运提单那样的便利效力和金融功能就需要受到国际行业组织与金融机构的广泛认可。在市商委的推动下，2018年9月，中亚区域承运人和货运代理人协会联合会（CFCFA）第九届年会审议并通过了重庆提出的"区域合作国际铁路公路运输单证标准化体系建设项目"，同意由重庆牵头开展区域合作国际铁路公路运输单证标准化体系的研究、建设和应用。此次国际区域合作为后期把一系列建设成果推广到《国际铁路货物运输公约》《国际铁路货物联运协定》成员国及其他国家提供了国际合作先例与基础。同时，在2019年7月的联合国国际贸易法委员会第五十二届会议上，中国代表团提交了关于解决铁路运单不具备物权凭证属性问题的提案，重庆市创设的"铁路提单"作为核心内容被纳入了提案，同时，重庆市作为中国唯一受邀城市派员参加了这一盛会。大多数与会国家代表对中国提案予以肯定，表决同意开展后续研究和探索工作。

（二）进一步发展面临的难点

1. 铁路提单的商业生态环境还比较脆弱

铁路提单融资商业生态的短板主要表现在两个方面。一是陆上铁运贸易与铁路提单融资正处于起步阶段，融资规模有限。一方面，境外银行和境外企业对铁路提单的认可还有一个过程，铁路提单融资还只能依托中资银行及其海外分行办理，已发生的提单融资也均为进口业务，提单融资应用方向单一，覆盖面较窄。另一方面，由于铁路提单融资的运用还不成熟，不同货品领域尚未形成操作性较强、较完善的规则，铁路提单融资业务还只能集中在操作难度相对较低的平行进口汽车领域，融资规模无法做到增量扩面。二是陆上贸易运输成本仍然显著高于海运成本，铁路提单融资节约的资金还难以覆盖陆运高出海运成本的差额。以中欧班列（渝新欧）为例，在中欧班列（渝新欧）平行进口汽车业务中，铁路提单融资可以以20%的保证金比例压降外贸企业运营资金的机会成本，但中欧班列（渝新欧）单趟运载能力、境外集货点密度、班列编组灵活性和起运及时性等都远弱于海运，这些差距导致铁路提单融资的综合成本没有明显优势，政府只能通过补贴来弥补。还有，重庆市尚未开立多式联运提单，能有效降低陆运综合成本的"一单制"建设进展也比较缓慢。规模与成本的短板使铁路提单融资进一步推进发展缺乏较好的商业生态环境。

2. 风险分担机制还不够完备

在当前的铁路提单融资实践中，风险分担机制的设计还存在一些由客观因素导致的缺陷。一是铁路提单融资尽职调查信息渠道的配套建设还存在空白。铁运客户多为中小企业，物流金融公司在尽职调查申请开证增信业务的客户时，由于获取信息的渠道还比较有限，可能导致部分具备真实贸易背景和健康经营的客户被挡在银行授信门槛之外。二是缺少风险发生后的货物处置机制，损失补偿机制不够完善。在风险发生后，货物的处置机制为主要根据进口贸易四方合作协议依赖货代方转卖货物，但实际上货代方并不具备转卖销售货物的专业渠道，而提单融资业务各方也尚未针对各类铁运主要货品达成具有可操作性的其他货物处置预案。同时，由于物流金融公司串联各责任方，并承担最终风险损失,导致多条线的损失补偿责任均可能涉及物流金融公司,对该公司的资金实力要求较高,不利于铁路提单融资业务在多货品领域得到推广。尽管可以探索引入保险,但必然增加铁路提单融资成本。

3. 法律保障体系还未得到建立

一是铁路提单还存在着法律障碍。仿制于海运提单的铁路提单尚未拥有明确法律界定的概念,不具备与海运提单同等的法律地位,其法律属性也存在债权凭证和物权凭证的争议。这影响到银行的法律和风控部门对相关业务的支持力度,增加了银行业务部门开展铁路提单融资的难度。二是铁路提单运作协议效力支撑不足。一方面,铁路提单运作机制仅靠《合同法》和进口贸易四方合作协议对各方进行约束,是用"约定"暂代《海商法》的"法定",运作机制缺乏明确的法律保障,效力不确定性较高。另一方面,国际贸易还未形成关于陆上贸易的结算融资准则,铁路提单更是尚无统一的国际标准,难以形成市场共同认可的铁路提单运作惯例。这在客观上导致铁路提单境外接受度较低,影响其在境外特别是"一带一路"沿线国家的运用。

(三)推进铁路提单融资规范化、便利化的基本思路与举措建议

1. 分"三步走"推进铁路提单融资便利化、规范化

在对重庆铁路提单融资实践分析研究的基础上,课题组提出进一步推进重庆铁路提单及类似单据融资业务增量扩面"三步走"的工作思路。

第一步,完善"重庆方案",积极推广重庆铁路提单融资实

践,实现铁路提单融资增量扩面。这一阶段的目标,是推动完善以铁路提单为代表的"重庆方案",加大推广力度,争取获得更多市场主体的认可,形成重庆陆上贸易增量扩面、降低成本的规模效应。同时,进一步完善金融支持、风险处置、信息基础、法律援助等服务机制,实现硬件升级、软件创新,促进业务便利化、规范化,全方位为铁路提单融资提供有力保障。还可以协调监管部门适当提高对银行支持铁路提单融资的风险容忍度,引导金融机构在保本前提下适当让利,培育出市场的信心和习惯,争取优先在进出口贸易上实现铁路提单融资规模化。

第二步,凝聚"重庆智慧",积极拓展铁路提单融资的国际国内合作,为构建国际陆上贸易规则提供可借鉴案例。在进口铁路提单融资初具规模的同时,争取国内陆上贸易规则话语权,并积极推广国际相关组织一致认同的铁路提单结算融资条款,在一定国际区域推动铁路提单融资便利化、标准化,加快实现进出口双向贸易铁路提单融资规模化,为构建全球陆上贸易新规则提供可借鉴的案例。

第三步,通过"重庆实践",推动建立铁路提单融资的法律保障体系。在不断完善重庆铁路提单融资的基础上,催动相关法律条款的修改补充。逐步形成相关法律细则和贸易规则,为整个法律框架的修改提供基础,是攻坚铁路提单融资的最后一关。在国内要推动《物权法》明确铁路提单物权凭证属性,在国际要推动形成类似《海商法》的国际商贸法文本。也许这是个漫长的艰难的过程,但随着"一带一路"倡议在全球贸易发展中的影响,这个推动是有条件和积极意义的。

2. 多措并举强化铁路提单融资工作

(1)组织相关部门协同推进铁路提单融资工作。该项工作涉及面广，建议将铁路提单融资和陆海新通道金融服务工作纳入开放型经济体制改革领导小组议事事项，定期由市领导听取各部门汇报，协调相关事项。交通物流部门要坚持推动多式联运"一单制"的创新运用。金融部门要侧重改进风控和授信机制、配套应用提单运单，着力构建服务陆海新通道客户群的信用证及一般贷款融资体系。要切实加强各部门信息沟通，统一数据口径，整合全市现有的智慧物流平台，集中建设一个能够集中全市报关、物流和结算信息的平台。

（2）鼓励多元市场主体扩大铁路提单融资应用场景。建议取消铁路提单必须由物流金融公司监制的要求，鼓励重庆国际物流枢纽园区、中新南向通道（重庆）物流发展有限公司（简称"南向通道公司"）、果园港等重点物流园区发挥各自所长，向有融资需求的客户推荐提单、运单融资，积极探索铁路提单、多式联运提单的签发、运用。引导和鼓励保险机构围绕陆上贸易发展以铁路提单为核心加快跨境供应链金融创新，探索低成本保险增信方式。推动中资银行拓展铁路提单融资结算功能，将铁路提单从国际跟单信用证逐步应用到托收等进出口贸易系列融资业务，丰富铁路提单的应用场景，增强铁路提单对市场主体的吸引力。扩大铁路提单融资货物品种的应用，在调研行业属性的基础上研究操作细则和风控预案，积极支持货品由平行进口汽车向橡胶、木材、粮食、奶粉、机械和汽车零部件以及高档消费品扩展。引导和支持中资银行与陆上贸易沿线国家商业银行开展铁路提单融资专项合作，提高境外银行对铁路提单或多式联运提单的接受度，并联合境外合作银行向当地涉外企业客户宣传推广，争取尽早实现铁路提单融资进出口双向"零"的突破。

（3）进一步完善铁路提单增信和风险分担机制。重点明确物流金融公司定位，尽快充实其担保或小额贷款公司的职能，增强其实际担保能力，使其主要聚焦担保增信。研究与保险公司合作，推出低成本铁路提单融资业务专项保险产品。培育设置货物转卖、处置预案和渠道，包括加强与天猫、京东等互联网平台的合作，建立货品全国转卖处置的便捷渠道。培育专业物流担保公司，鼓励"提单+资金池、保单、担保"等多种增信方式，丰富支持商贸企业贸易融资产品体系。

(4) 加快推进铁路提单融资法规保障途径建设。首先，抓紧形成赋予铁路提单物权属性的案例和判例。通过案例和判例确认铁路提单的功能属性，并在现行法律框架下丰富和完善对铁路提单融资实践的支持细则，重点是在确权、单据流转、背书转让等环节的保障。其次，鉴于我国海运提单的物权属性实际来源于《海商法》，可组织专业力量深入研究《中华人民共和国铁路法》与铁路提单的关系，集中突破铁路提单、信用证范式标准化建设，积极争取国家标准化管理委员会支持，助推"重庆方式"上升为国家标准。再次，将铁路提单纳入"一带一路"倡议下的国家层面创新，由国家牵头，商务部、中国人民银行、中国国家铁路集团有限公司等有关部门主导，加快推动联合国贸易和发展会议开展铁路运单物权化的后续工作，争取由重庆市负责承接具体工作，加强这方面的国际交流与合作，在重庆举办国家级、国际化专题研讨会，与国际商会、国际货代协会建立合作，将铁路提单纳入相关国际贸易体系。最后，主动对接《国际货协》和《国际货约》，推进形成国际共识，争取《国际货协》《国际货约》相关约定的修改，构建起陆上贸易规则。

(5) 增强重庆以铁路提单融资为特色的陆海联运竞争力。着力发展重庆市"Y"字形铁运物流网络对周边省市的辐射力，强化双向物流互济,为铁路提单融资形成规模效应提供基础。联合中国国家铁路集团有限公司与国际铁路沿线国家,合力探索提高铁运集货、装车、编组、起运灵活度,以及压降综合流程成本的新方式。加强对"一单制"多式联运的推广,完善重庆铁路口岸建设,发挥其与保税港区和综保区的整合效应,扩大铁路提单受众,提升物流网络联动的整体成本优势。着力开拓在"一带一路"建设中,契合欧洲、东盟市场需求的产业链,扶持能形成产业链上下游、货物进出口双向贸易的新兴产业。推动实力雄厚的中资银行和陆上贸易沿线国家主要商业银行、第三方支付机构等探索组建区块链联盟,将区块链技术应用于铁路提单,借助银行网络系统,逐步实现铁路提单报文标准化、信息化、数字化。

参考文献

[1] 司玉琢,蒋跃川.国际货物运输的世纪条约:再评《鹿特丹规则》[J].法学杂志,2012(6):27-34.

[2] 孙丽萍.提单的法律适用研究[D].重庆:西南政法大学,2005.

[3] 傅廷中《.鹿特丹规则》视角内提单的物权凭证功能之解析[J].中国海商法年刊,2010,21(2):19-23.

[4] 黎孝先.国际贸易实务[M].北京:对外经济贸易大学出版社,2000.

[5] 杨凯丽,王志芳,黄丽,等.铁路多式联运提单风险评价与控制研究[J].铁道运输与经济,2017(10):99-104.

附录一：案例

案例一："四方合作协议"创设铁路提单融资实例

2017年12月22日,工商银行重庆分行为重庆终极汽车贸易有限公司(简称"终极汽车")开立15万欧元远期进口信用证,其中核心议付单据采用重庆市创设的铁路提单,保证金比例降至货值的20%。

一、业务模式

目前,重庆市平行车进口业务发展较为成熟,进口汽车销售情况良好,贸易自偿资金链平稳,其用于探索陆上国际贸易铁路提单融资的风险相对较小。该次进口贸易为终极汽车进口1台宾利轿车,并引入重庆物流金融服务公司对工行开立的不可撤销跟单信用证提供差额补足担保,即若终极汽车未向工行全额清偿债务,重庆物流金融服务公司将承担代偿责任。工商银行重庆分行、重庆物流金融服务公司、终极汽车共同签订《国际信用证融资增信合作协议》,重庆物流金融服务公司、终极汽车、中外运重庆公司(货代公司)签订《铁路提单货物进口业务三方合作协议》。融资增信合作协议和三方合作协议表明铁路提单有别于传统国际铁路联运运单及运输合同,该单证系无争议地排他性提取货物的物权凭证。

具体来看,终极汽车首先通过中欧班列(渝新欧)向境外供货商采购平行进口汽车,并签订采购合同。而后,以货运代理人中外运重庆公司签发的铁路提单作为跟单信用项下的单证及提货凭证,向工商银行申请开立远期进口信用证。中外运重庆公司负责在境外收货、验货、境内外运输及转运等过程中进行监督和控制,并将货物运送到指定的铁路口岸仓储。海外供货商将铁路提单等议付资料交通知行,通知行随后将提单等议付资料寄往开证行——工商银行重庆分行,工商银行重庆分行收单后通知终极汽车承兑并交付信用证项下的全套单据(含铁路提单正本)。最后,车辆运至铁路口岸后,由西部物流园代为监管,待通关、检测完成后,使用车辆销售回款归还工商银行重庆分行贷款。

二、业务管理

(一)单据要求

工商银行重庆分行开立的信用证中,单据要求全套正本铁路提单,以确保开证行权益。由于铁路提单尚无国际惯例可以遵循,为明确审核要素和审核内容,工商银行重庆分行在信用证中对铁路提单关键要素进行了详细规范。除原有运单关于货物及单据的必要描述外,还包括指示抬头并空白背书、显示装运车站、班列号、卸货车站、装运日期、提单出具日期及正本份数。该提单由中外运重庆公司签发,重庆物流金融服务公司监制。

(二)全程监控

1. 物流方面

供应商将货物交中外运重庆公司后,在运输过程中由中外运全程监控,车辆到港后即移交铁路口岸公司指定仓库,因西部物流园为重庆物流金融服务公司主要股东,故西部物流园将提供全程仓储监管。

2. 资金流方面

终极汽车开立的监管账户,由西部物流园监章,所有贷款支付均需获得西部物流园同意,销售回款也须回至工商银行重庆分行指定账户,用以优先兑付本笔信用证。

3. 单据流方面

车辆从德国杜伊斯堡交付中外运重庆公司后,所有随车单据同时交付给中外运重庆公司保管,车辆到港移交到铁路口岸公司后,中外运随车单据交由西部物流园代为保管,待终极汽车销售对应车辆收到货款后,银行再释放单证。

(三)第三方增信及担保安排

重庆物流金融服务公司与工商银行重庆分行、终极汽车贸易有限公司签订《国际信用证融资增信合作协议》,该协议中约定,工行对终极汽车公司享有的主债权到期前5个工作日,若终极汽车未向工行兑付该笔信用证剩余款项,重庆物流金融服务公司应立即兑付开证金额敞口部分的差额部分,对工行承担代偿责任。终极汽车签订此协议时存入20%货值的保证金,同时,敞口部分由重庆西部现代物流产业园区开发建设有限责任公司(现更名为重庆国际物流枢纽园区建设有限责任公司)提供担保,并占用其在工行的授信额度。

案例二：铁路货代单取代铁路运单融资实例

重庆西部现代物流园管理委员会、重庆铁路口岸物流开发有限责任公司（简称"铁路口岸公司"）、中外运重庆公司、银行共同合作，探索以铁路运输单据为议付单据的国际结算模式（简称"整车进口铁路信用证"），以期在未来实现可复制、可推广，并向常态化运营推进。目前，该模式在以前期铁路运输单据为议付单据，并以全额保证金试运行成功的基础上，推进到差额保证金模式，实现了金融杠杆功能。首笔信用证于2017年10月由铁路口岸公司开出，其后，使用该笔信用证的首批整车抵达重庆并完成清关。该模式的成功推广可以解决铁路运输中境外支付的风险以及TT模式下的资金杠杆问题，降低企业运营成本，拓宽铁路口岸企业的融资通道。

一、主要做法

（一）基本模式

在现存国际贸易规则中，铁路运输单据不同于海运提单，并不具备物权凭证的属性，这是陆上贸易在国际贸易结算和融资中的显著障碍。整车进口铁路信用证以"货代单"代替铁路运单为主要思路，结合整车口岸对货物的指定查验及放行权限，采取物流信息和结算单据分开,并互为验证凭证的方式,为以铁路为运输方式的陆上国际贸易活动开具国际信用证。在此模式下,有购车需求的单位,即委托方,提出购车要求,流程开始;口岸公司作为收货人,通过合作银行以货品价值的20%为保证金开具铁路信用证;货代公司接受开证方(即口岸公司)的委托,承担验货、接货、定仓、承运的责任;指定的报关行(即提供报关服务的企业)操作通关报检事宜;重庆泛欧铁路口岸经营管理有限责任公司(简称"泛欧公司")作为控货单位,负责货品从抵达铁路口岸起直到委托方还款后放车这段时间的控货;委托方还款后,凭还款凭证得到合作银行确认,随即办理车辆出库;最后银行对应车辆证件(关单+商检单)释放单证。

(二)流程设计

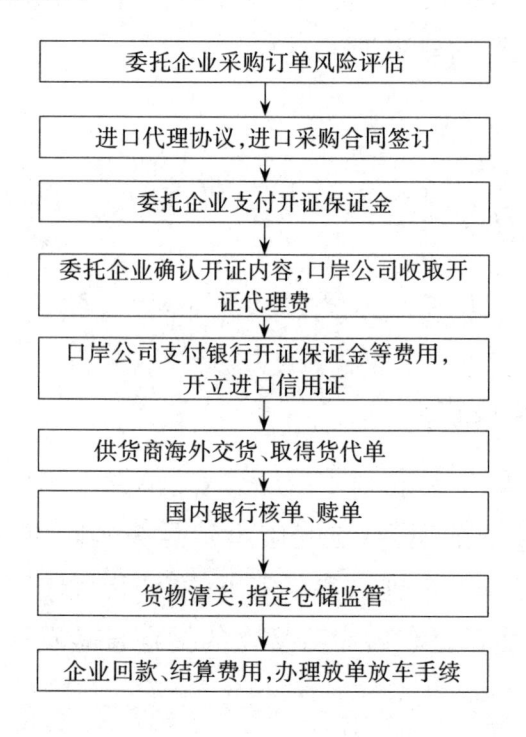

```
委托企业采购订单风险评估
          ↓
进口代理协议,进口采购合同签订
          ↓
   委托企业支付开证保证金
          ↓
委托企业确认开证内容,口岸公司收取开
        证代理费
          ↓
口岸公司支付银行开证保证金等费用,
        开立进口信用证
          ↓
   供货商海外交货、取得货代单
          ↓
     国内银行核单、赎单
          ↓
   货物清关,指定仓储监管
          ↓
企业回款、结算费用,办理放单放车手续
```

(三)关键节点处理

1.委托企业开证入围环节

通过设定入围条件,筛选出有平行进口实际操作经验及成熟分销渠道的企业。防控因企业实际能力而导致的项目整体风险。

2.单笔订单审核环节

对每笔订单进行车型进口记录、VIN码提前校验及采购价评估。全部通过后,才启动开证流程。降低单笔开证业务的贸易风险。

3.海外交车环节

海外供应商向指定货代企业交车,货代企业验车无误后开具货代单,确保货物真实性验证、实现货权交割。

4.口岸验放环节

口岸公司与合作银行确认车辆余款结清后,向车辆保管单位发出放车指令,同时银行启动对应车辆的证件释放程序,做到货款结清后才释放车辆和与之对应的证件。

二、实践效果

(一)丰富进口车源

平行进口车的海外供货商接受信用证——铁路信用证做法

的推广,不但可以提高中欧班列(重庆)平行进口车数量,同时也可以丰富平行进口车辆的品种。

(二)有效解决中小车商融资难问题和降低铁路运输国际贸易中的资金安全风险

一是通过差额保证金模式,实现金融杠杆功能。该模式能解决80%货款的融资问题,并且为汽车贸易商提供车辆清关时的垫税服务。二是中小车商在未收到货之前不用提前支付现金货款,从而降低铁路运输国际贸易中的资金安全风险。

(三)进一步规范了整车进口的风险控制机制

通过指定货代、指定报关行、指定仓储,分别解决了货物在海外端、运输过程中和达到口岸时的保管问题,形成货物在整个国际贸易中的闭环,实现了风险全程管理和控制。

案例三：海运提单延伸为铁海联运提单实例

国际贸易中常用的运输方式主要有海洋运输、铁路运输、航空运输、汽车运输等，其中海洋运输实现国际贸易总运量2/3以上，中国进出口货运总量的90%都是利用海洋运输实现的。

海洋运输主要凭证为海运提单，铁路运输主要凭证为铁路运单。海运提单是物权凭证，可进行流通转让，具备结汇、融资、质押等相关金融功能；铁路运单无上述海运提单的功能，不利于依托国际铁路运输开展的国际贸易多元化发展。探索创建基于国际铁路运输，类似海运提单的铁路运输物权凭证，亦包括探索创建铁海联运提单。铁海联运提单是一种有效利用海运提单完成国际多式联运的模式。

中新南向通道（重庆）物流发展有限公司作为陆海新通道铁海联运班列运营平台，始终以降低物流成本、提高物流效率、提升便利化水平为宗旨，以畅通道、促贸易、强产业为目标，加快重庆运营组织中心建设，促进通道高质量发展。由此，其推出了陆海新通道铁海联运提单。

一、推广铁海联运提单的基础

一是班列稳定运行。截至2019年8月18日，陆海新通道铁海联运班列已累计开行1232列，实现双向"天天班"，进出货物已到达六大洲82个国家和地区的194个港口，服务的货物品类超过300种。联通中欧班列（重庆），实现亚欧间经重庆的国际中转，推动形成以重庆为国际物流枢纽的新亚欧大陆桥。

二是运营模式得到广泛认可。南向通道公司通过高效整合市场、铁路、海船公司等多方资源,搭建公共服务平台;取得无船承运人资格,已与近20家国际船公司合作,打通香港、新加坡中转航线,形成辐射全球的海运网络。在船公司开具的海运提单上,还开具国际铁海联运提单,实现了由重庆签发国际认可的全程"一单制"。在团结村站建立了国际陆海贸易新通道内陆国际海运集装箱运管中心,以满足海船公司集装箱的管理需求。

三是推进区域合作。按照"统一品牌、统一规则、统一运作"模式,与甘肃、贵州平台公司达成合资合作,并组建了甘肃、贵州区域公司,正在建设跨区域国际铁海联运信息化平台,联通铁路、码头、船公司的国际贸易"单一窗口"等,提供网上订舱、在线查询等服务,初步形成辐射西部地区的内陆网络和多省区市共商共建共享合作模式。

二、铁海联运提单模式

(一)南向通道公司提单模式

南向通道公司作为陆海新通道国际铁海联运班列运营平台,现已取得了国家交通运输部颁发的无船承运人和国际船舶代理资质并开展了相关业务。南向通道公司签发的无船承运人提单,对于货主而言,即相当于承运人签发的 HOUSE B/L;对于船公司而言,南向通道公司又相当于托运人。它取得了船公司签发的 MASTER B/L,与各路段实际承运人签订分段运输合同,协调全程运输组织,将货物的交易变成单证的交易,将"站"到

"港"服务升级为"门到门"服务。目前,南向通道公司已与中国银行签订战略合作协议,进出口企业可以通过铁海联运提单获得融资,南向通道公司从而也将更好地为进出口贸易、国际中转贸易提供金融服务。

南向通道公司创新实现的国际铁海联运提单由重庆签发全球、全程"一单制",提高了不同运输方式间的接驳效率,也有效提高了外贸交易的便利性,进一步降低了企业供应链资金成本。

这种提单本质上为货代提单,因自身授信能力较小、抗风险性偏弱、网络覆盖面窄等原因,具有一定的局限性。

(二)南向通道公司代签海船提单模式

该种模式下,作为海船公司的出单代理,南向通道公司首先与海船公司签订了铁路支线协议,得到海船公司认可;其次,成为海船公司的订舱代理,通过全程一体化服务,开拓市场;再次,与海船公司系统对接。南向通道公司完成海船公司系统备案后,根据船公司的指令签发铁海联运提单,提单接货地(Place of Receipt)为重庆,装货港(Port of Loading)为钦州,目的地为海外,提单签发人为南向通道公司董事长。该种模式下,南向通道公司代签海船提单享受海运提单的各种属性。

三、铁海联运作业案例

2018年7月16日,首笔以信用证结算的两台中东版帕杰罗汽车经南向通道(即"国际陆海贸易新通道")铁海联运顺利抵达重庆西部物流园,这是南向通道公司继2018年6月以全程铁海联运提单方式完成美规版整车进口测试之后的又一重大突破，标志着南向通道公司不仅从物流层面实现了钦州港整车口岸和重庆整车口岸之间全程铁海联运进口操作，而且打破了中国内地无"铁海多式联运+信用证结算"进行整车进口的先例。

信用证是一种银行根据进口商（买方）的请求，开给出口商（卖方）的一种在一定条件下保证付款的银行保汇文件，在进出口贸易结算中扮演着极其重要的角色。由于此前国际贸易规则基于海运贸易而制定，在国际运输中陆运因其单据与国际贸易规则不同而受到很大的限制。在此之前，供应商仅将汽车发往天津港、青岛港、大连港、上海港等沿海港口。因此，内地还没有通过"铁海多式联运+信用证结算"进行整车进口的先例。

近年来陆上贸易占据国际贸易的比值日益增长，陆运走上历史的舞台并与海运通路联系日益紧密，逐步达到不可分割的状态。然而制约陆运的国际贸易规则仍旧存在，使得国际贸易的发展受到极大的限制。在当前陆运与海运联系愈加密切的国际贸易形势下，要想去除国际贸易的发展限制，就必须突破国际贸易结算和融资的障碍。在这个大背景下，2017年底，人民银行重庆营管部、重庆市商务委员会、中新示范项目管理局等部门联合印发了《关于推进运单融资促进重庆陆上贸易发展的指导意见》，支持各类金融机构探索基于陆上运输、多式联运的国际贸易融资规则，促进陆上贸易结算融资便利化。

为进一步支持整车进口贸易，解决整车进口贸易商结算和融资问题，充分发挥重庆铁路整车口岸的辐射带动作用，南向通道公司借此东风，正携手重庆国际枢纽园区对接金融企业，探索基于国际陆海贸易新通道铁海联运的提单信用证业务创新。

案例四："运单+应收账款池"增信融资实例[①]

一、浙商银行巴南支行"公路运单+涌金出口池"融资案例

（一）客户情况

重庆光宇摩托车制造有限公司（简称"光宇摩托车"）是一家集摩托车整车、发动机研发、制造、销售为一体的民营企业。针对该公司传统出口贸易融资业务存在的"一一对应"局限，浙商银行响应国家对外贸稳增长的要求，在分析出口企业需求的基础上，创新"互联网+"应用和"池化"融资业务模式，打造出口企业流动性服务创新产品——"涌金出口池"。

（二）业务试点模式

"涌金出口池"业务是该行资产池的重要组成部分，也是其打造流动性服务银行的主要服务手段之一，其服务对象为有出口业务的企业。企业首先需在浙商银行获得授信额度，然后可

---

① 案例四虽为公路运单增信融资实例，因为公路运单增信融资和铁路提单实质一样，都是非海运运单在有信用保障的情况下实质升格为如同海运提单一样的单据，而且陆上运单有联用统一的趋势，未来可以相通，所以本文将公路运单增信融资实例也纳入铁路提单融资案例之中。

以将各类出口应收账款入池。企业需要用款时,将出口池内的应收账款质押给浙商银行,同时将出口公路运单单据、贸易合同、发票等资料通过线上电子流程"质押"进入出口池,按照一定比例打折后生成可用金额,最高不超过企业的授信额度。企业在可用金额内通过线上方式提款,用款方式包括银行承兑汇票、流动资金贷款、外币贷款等。

(三)业务开展情况

2018年,浙商银行巴南支行向光宇摩托车共计办理4笔"公路运单+出口池"业务,该企业将出口缅甸的应收账款进行质押,浙商银行通过中国出口信用保险公司(简称"中信保")的承保确认,公路运输单据、海关口岸关单、贸易合同和发票作为佐证,以此确认货物运输的真实性,并为企业提供资金支持。2018年,光宇摩托车共获得融资4笔,合计金额103.2万美元,期限均为6个月,融资利率在5.23%~5.68%。

(四)业务拓展

"涌金出口池"作为池化融资平台的重要组成部分,可与该行"涌金资产池""涌金票据池"打通使用。企业除出口应收账款外,大量票面金额小,出票行分散的银行承兑汇票也可入池,额度可打通使用,这有效盘活了企业"闲置"资产。在解决企业流动性管理难题后,浙商银行还进一步通过产品组合,帮助企业降低融资成本。如利用外币融资相对人民币融资利率较低的优势,配套掉期产品,在锁定汇率风险的前提下,帮助企业使用到一笔低成本人民币资金(利率低于一般人民币流动资金贷款),

使企业享受到服务创新带来的实实在在的好处,银企双方合作关系也进一步紧密。截至目前,企业在浙商银行入池出口应收账款5200万美元,入池银行承兑汇票2.2亿元人民币,提用出口应收账款融资3200万美元,办理国内信用证2000余万元人民币。

二、中国银行巴南支行"运单融资"案例

(一)客户情况

重庆宗申机车工业制造有限公司(简称"宗申机车")系宗申产业集团旗下核心子公司,其主要经营销售摩托车整车、零部件。宗申机车将两轮摩托车业务与进出口业务、国内销售业务、关键零部件业务等八个业务板块进行整合,由重庆宗申摩托车销售有限公司(简称"宗申销售")承接其国内摩托车整车销售。双方结算通常采用挂账3~6个月的方式进行货款结算。受经济影响,近年摩托车行业销售回款较慢,故在销售端回款延迟的情况下,宗申机车作为主机厂承担应收账款延迟收回的问题,故期望通过不占授信方式提前收回账款。

(二)业务试点模式

中行巴南支行本次运单融资试点业务结构为"国内信用证+福费廷融资"方式,即卖方凭买方开立的国内信用证、公路运单

等相关单据到银行进行交单融资,不再占用卖方工商授信额度,卖方提前收回有账期的应收货款,解决资金周转难题。

(三)试点客户、业务概况

本次试点客户:买方宗申销售,卖方宗申机车,基于其真实贸易背景办理此项业务试点操作。

试点业务具体流程为:

(1)买方宗申销售通过中国银行巴南支行开立国内信用证200万元作为给宗申机车的货款支付凭证,并在国内信用证中约定"公路运单"作为交单支付单据之一。付款期限:交单后6个月支付货款。

(2)宗申机车组织生产并发货,发货交单后,向中国银行巴南支行提出信用证下货款提前收回的融资申请。

(3)中国银行巴南支行根据宗申机车收到的该笔200万元人民币国内信用证以及发货后按照国内信用证上提交的"公路运单"等相关单据,给予国内证承兑以及融资。

该笔业务通过"公路运单"等主要单据的审核,未占用卖方工商授信额度,为卖方宗申机车提供了一笔无追索的信用融资,使卖方提前实现6个月后应收货款的回笼,为企业资金周转提供了新的渠道。

(四)运单融资模式试点后续反馈

"运单融资"作为解决生产企业应收账款提前收回的方式,从核心企业方面来看,能够不占其授信额度而使其解决融资问题;从应付款企业方面来看,需占用应付款企业授信额度,应付款企业需要在银行开立信用证进行支付;从银行角度来说,目前"运单"在融资环节可以作为补充核实贸易背景真实性的证据,但暂时还不具有替代融资担保的功能。

建议:探索建立陆上贸易融资配套基础制度,推动物流企业签发多式联运提单和陆运提单,进一步推进"运单在法律层面的认可度",同时,建议主管部门针对运单担保事宜,建立专业的保险或担保机制,连同银行共同推进运单融资创新工作。

三、中国农业银行巴南支行"公路运单+出口信保"融资案例

(一)业务开展背景

2018年年初,中国农业银行巴南支行与中国人民银行巴南中心支局就依托南彭公路物流基地综合保税区,开展企业"公路运单"融资业务方式方法开展共同调研和探索,双方分别从国家外汇政策监管、银行信贷风险防控、服务实体经济等多方面问题展开广泛讨论。

(二)客户情况

2018年11月初,中国农业银行巴南支行公司部客户经理在开展贷后检查过程中,与该行存量信贷客户重庆光宇摩托车制造有限公司进行了例行交流,该公司提出其有一笔出口缅甸的摩托车订单,运输方式为公路运输,仅能提供公路运单和报关单

等贸易背景佐证材料,希望该行能够提供贸易融资支持。了解到企业的相关需求后,该行积极行动起来,一方面与信贷管理部门积极探究现行信贷管理政策对于该业务的管理要求,另一方面与中国人民银行巴南中心支行取得联系,确保业务符合我国的相关外汇管理规定。

(三)业务试点模式

该融资方式为:光宇摩托车在中国出口信用保险公司办理短期出口信用保险,企业(光宇摩托车)、保险公司(中信保)与银行(农行巴南支行)签订三方协议,明确中国农业银行巴南支行为出口信用保险项下赔款的第一受益人;贷款前,企业需向农行巴南支行提供贸易合同、发票、报关单及公路运输单据,农行巴南支行在收到中信保出具的承保情况通知书并审核货物运输的真实性后,进行贷款发放。

银行总体流程为:前台部门调查,后台部门审查,最后放款中心发放贷款。从调查环节开始,最快一周时间能够完成放款。贷款第一还款来源为企业出口收汇的货款,第二还款来源为中信保的出口信用保险金。追加企业实际控制人做担保,无须企业提供其他的抵押物作为抵押担保。放款金额和借款期限根据企业实际发货金额和时间来确定,与企业实际出口收汇金额和时间相匹配。该融资方式可在确保贸易真实性的情况下,加快企业资金周转速度。

(四)业务开展情况

2018年11月6日,中国农业银行巴南支行为光宇摩托车这笔出口缅甸的,采用赊销(OA)180天方式结算,金额约为111万元人民币的出口业务办理了出口贸易融资,融资金额76.5万元人民币。该笔出口业务光宇摩托车已在中国出口信用保险公司重庆营业管理部办理了短期出口信用保险,保险费率为保险申报金额的1%,出口信保公司赔付比例为90%,且农行巴南支行与出口信保公司签订了三方协议,明确该行为出口信用保险项下赔款的第一受益人。在贷款前农行巴南支行收到出口信保公司出具的承保情况通知书,同时收取了客户提供的合同、发票、报关单和公路运输单据,并核实原件,公路运输单单号与海关报关单上的单号一致,且运输方式为公路运输。收到以上相关单据后,农行巴南支行在确保客户无征信或诉讼风险后对光宇摩托车进行放款,本笔贷款利率为6.1%。到期日按客户约定收款日延后17天执行。

截至2019年9月,农行巴南支行共为光宇摩托车发放9笔该类贷款,贷款金额1150.3万元人民币,期限均为180天。为了进一步支持辖内小微及民营企业的发展,该行今年将企业的融资利率下调至5.8%,以进一步降低企业的融资成本。

在中国人民银行巴南中心支行的悉心指导下,通过农业银行巴南支行与相关部门的通力协作,该笔业务成功办理,使光宇摩托车加速了应收账款的周转速度,缓解了企业在生产经营过程中的资金难题,为进一步探索"公路运单"这一全新的国际贸易运输方式下的贸易融资打下了坚实的基础。

附录二:专栏

关于陆运运单与海运提单的比较分析

理清陆运运单和海运提单的异同,对把握铁路提单创新难点和关键点是十分必要的。

一、国际公约规则

在国际组织的推动下,经过长期发展,形成了以运输方式划分的海运、陆运、空运国际贸易公约体系。其中现行有效的海运公约有《海牙—维斯比规则》和《汉堡规则》等,铁路运输公约有《国际铁路货物运输公约》和《国际铁路货物联运协定》等,公路运输公约有《国际公路货物运输合同公约》等,航空运输公约有《统一国际航空运输某些规则的公约》(简称《华沙公约》)等。本文将从公约订立演变目的、提单/运单规定、在途货物的处置权和责任分担规则四个方面对各贸易公约进行探讨。

(一)公约订立、演变的目的

1.规范市场行为

从订立的最初目的看,各贸易公约均以规范杂乱或明显不公平的市场行为,形成统一实践惯例,促进贸易发展为目的。如

《海牙规则》订立前,由于法律对私人合同采取"契约自由"原则,承运人通过在提单上列入各类免责条款,强加给货主不公平条件和不应承担的风险。在19世纪中期,有的提单免责事项多达70余项。《海牙规则》的订立有效规范了承运人不当增加免责事项的行为,保障了货方正当权益,改善了保险公司不敢承保、银行不肯汇兑、提单难以转让流转等情况。

2. 平衡货运双方利益

自国际运输产生以来,贸易公约的订立、演变都伴随着货运双方利益的博弈,反映着国际政治、经济格局。如《海牙规则》作为早期的国际海运公约更多地表达了承运方的利益诉求,承运人的责任期间有限、免责事项较多。而后随着代表货方利益的发展中国家逐步崛起,《汉堡规则》和《联合国全程或部分海上国际货物运输合同公约》(简称《鹿特丹规则》)逐渐推动利益天平向货方倾斜,增加了承运人管货义务,取消了承运人火灾过失免责等。

3. 考虑新技术应用

国际贸易公约的演变过程也充分反映了货运相关技术的变更。如随着集装箱在运输中的大量使用,《维斯比规则》在对《海牙规则》的修订中明确了集装箱货物的计数规则。又如随着电子单证、记录在国际贸易中的广泛应用,《鹿特丹规则》为填补贸易公约的空白而引入了电子单证概念。再如由于航空运输速度加快,运输单证来不及流转,《华沙公约》首创了以货物收据来替代空运单识别货物的功能。

(二)关于海运提单/其他运单的规定

1. 海运提单具有物权属性,其他运单不是物权凭证

国际海运公约直接或间接表明提单具有物权属性。《海牙规则》第一条(b)款指出"'运输合同'仅适用于以提单或任何类似的物权证件进行有关海上货物运输的合同"。《汉堡规则》第一条第七款规定"'提单'是指作为海上运送合同和运送人接收或装载货物的证明的文件,运送人承担对交出此项文件者交付货物"。这两个规则分别表明了提单为物权证件和凭提单可提取货物。另一方面,陆运、空运贸易公约则暗示运单不是物权凭证。《国际公路货物运输合同公约》第十三条第一款和《华沙公约》第十三条第一款规定,当货物到达指定的交货地点后,收货人有权凭收据要求承运人将运单和货物转交,即运单不是提货凭证。

2. 提单与运单流转不同

一方面,提单流向灵活,可转让第三方。《海牙—维斯比规则》第三条和《汉堡规则》第十四条均指出提单由承运人、船长、承运人代理或实际承运人向托运人签发;同时,《汉堡规则》第十六条第三款表明提单可转让给第三方,且此处第三方包括但不限于收货人。另一方面,运单流向固定,不可转让。《关于国际铁路货物运输合同的统一规则》第六条第三、四款和第十七条第一款,以及《国际货协》附件一《货物运送规则》第七条表明铁路运单由托运人和承运人共同签发,铁路运单副本由托运人留存,运单正本随货物到站后交收货人。《国际公路货物运输合同公约》第五条第一款规定公路运单正本一式三份,一份交托运人,一份随货物交收货人,一份由承运人留存。

3.提单及各类运单均具有证据效力

一方面,各贸易公约明确指出,或根据公约内容可推定,海运提单及各类运单为承运人接收货物的初步证据。一是《海牙—维斯比规则》第三条第四款、《汉堡规则》第十六条第三款、《关于国际铁路货物运输合同的统一规则》第十二条第一款、《国际公路货物运输合同公约》第九条第一款和《蒙特利尔公约》第十一条第一款均直接表明提单或运单具有初步证据效力,即在没有相反证据情况下,提单或运单所载内容与承运人接收的货物状态一致。二是《国际货协》未提及初步证据概念,但第十四条第三款和第四十一条分别规定运单为运输合同凭证和承运人对部分情况下的货物损毁、逾期等具有举证责任,可以推定其运单具有初步证据效力。另一方面,提单转让给善意第三方后为最终证据。《海牙—维斯比规则》第三条第四款和《汉堡规则》第十六条第三款明确当提单转让给善意第三方后,运送人所提出的与提单相反的证据不予接收。

(三)关于在途货物的处置权

1.海运中托运人或收货人对在途货物无处置权

虽然《海牙—维斯比规则》和《汉堡规则》均规定提单持有人对货物拥有物权,但并无规定表明海运的托运人、收货人或提单持有人对在途货物拥有处置权,即无权停止运输合同、变更货物目的地等。

2.陆运、空运中托运人或收货人对不同阶段的在途货物拥有处置权

一是《关于国际铁路货物运输合同的统一规则》第十八条规

定,在收货人取得运单或接收货物前,托运人有权中止运输、延期交付货物、要求将货物交付给非运单标注的收货人或要求将货物运送至非运单标注目的地;若运单另规定收货人有更改运输合同权力,则收货人对在途货物有处置权。二是《国际货协》第二十五条规定,在收货人收到运单或货物到达进口国境前,托运人可变更货物目的地和收货人,而收货人对达到国范围内的运输合同可做变更。三是《国际公路货物运输合同公约》第十二和十三条规定,在收货人取得运单或货物到达目的地后行使提货权利前,托运人有权处置货物。四是《蒙特利尔公约》第十二和十三条规定,在收货人行使提货权利前,托运人有权对货物进行处置。

(四)关于责任分担

1. 托运人对提单/运单所载内容的正确性负责

《海牙—维斯比规则》第三条第五款、《汉堡规则》第十七条第一款、《关于国际铁路货物运输合同的统一规则》第八条第一款、《国际货协》第十六条第一款、《国际公路货物运输合同公约》第七条和《蒙特利尔公约》第十条第一款均表明托运人应保证记载于提单/运单中关于货物的各项说明和声明的正确性,并对由于所载事项不正确所引起的一切后果承担责任。

2. 承运人对承运期间的货物负责

《汉堡规则》第五条、《国际货协》第三十七条、《国际公路货物运输合同公约》第十七条第一款等表明,在承运期间,即承运人接收货物至交付货物期间,货物发生灭失、损毁或延迟交付等情况,由承运人承担责任。各贸易公约均规定承运人的免责事由。通有的事由主要为承运人无法预防或消除的不可抗因素（如天灾、战争等）、货物固有缺陷、托运人过失等；此外，《海牙—维斯比规则》还对驾管船过失和火灾过失免责，《汉堡规则》对驾管船过失免责。

3. 各公约赔偿限额差异较大

如：《汉堡规则》下为每件或每装运单位835特别提款权或毛重每公斤2.5特别提款权；《国际公路货物运输合同公约》下为毛重每公斤8.33特别提款权；《国际货约》下以承运人和托运人商定的声明货物价格为基础进行赔偿。

（五）小结

本部分从提单/运单、在途货物处置权和责任分担三方面对各国际贸易公约进行了归纳，总体来看，海运方式下的贸易公约与其他运输方式下的公约规定存在以下不同：一是效力方面，虽然提单与各类运单均为初步证据，但是仅提单具有货权属性；二是单据流转方面，仅有提单可以转让，而运单/空运单明确仅交付托运人、承运人和收货人；三是在途货物处置权方面，海运方式下，托运人、收货人或提单持有人均不能更改货物运输合同，对在途货物不具有处置权，而其他运输方式下，托运人或收货人对在途货物具有处置权，这确保了海运提单的实际控货权；四是赔偿限额方面，海运方式的赔偿限额显著低于其他运输方式。其中，单据流转和在途货物处置权是海运提单与陆运运单在实际操作层面上的核心区别。

二、主要国际贸易结算惯例与融资实务

(一)主要国际贸易结算惯例

国际贸易结算主要有汇款、托收和信用证三种方式。其中,托收为商业信用下的结算,信用证为银行信用下的结算,相关国际惯例以国际商会公布的《托收统一规则》《跟单信用证统一惯例》为主。

1.《托收统一规则》

《托收统一规则》(1995年修订本,国际商会第522号出版物),对银行托收项下处理金融单据和/或商业单据,并进行付款、取得付款、承兑或交单等行为做出规范,其中对于单据审核的相关内容如下:

一是并不强制要求某类单据。根据该规则,托收分为光票托收(仅附带金融单据)、跟单托收(包括仅附带商业单据的跟单托收和附带商业单据及金融单据的跟单托收两种)。"商业单据"意指发票、运输单据、物权单据或其他类似单据,或者一切不属于金融单据的其他单据。托收方式下的结算,并未要求必须出具物权凭证。

二是银行仅审核单据表面一致性。根据该规则第十二条,银行必须确定所收到的单据与托收指示书所列的完全一致,对于单据缺少或发现与托收指示书中所列单据不一致时,必须立即通知发出托收指示书的一方。银行没有进一步验证单据的义务。

2.《跟单信用证统一惯例》

现行的《跟单信用证统一惯例》为2007年修订本,即国际商

会第600号出版物（UCP600），其对信用证开立、修改、兑付以及单据审核做出了统一规定，其中涉及单据部分的内容如下：

一是未明确要求物权凭证。在对"交单"的定义中，该惯例仅提出"信用证项下单据"，未明确要求单据的类别，或强调需要物权凭证。

二是对各类单据要素提出要求。在惯例的第十八至二十四条，分别对各类单据的要素进行了规定，其中既有具有物权凭证属性的提单，也有非物权凭证的空运、公路运输、铁路运输、内陆水运单据，主要要素为承运人名称、目的地、日期等。

（二）国际贸易融资实务

目前，国际贸易融资产品丰富，涉及贸易过程中的各个阶段，不同产品对相关单据要求不同，仅部分产品要求须提供物权凭证。

一是融资产品覆盖国际贸易全流程。根据《中国工商银行国际业务产品手册》，在进口项下，工商银行提供货到前、货到后、到单前、到单后等环节共7种进口贸易融资产品；在出口项下，提供装船前、装船后和交单承兑后等环节共10种出口贸易融资产品。

二是少部分国际贸易融资产品要求海运提单。根据《中国工商银行国际业务产品手册》和《中国农业银行国际贸易融资业务操作规程》，在国际贸易融资产品中，仅提货担保／提单背书、打包贷款、出口单据质押贷款和福费廷须提供海运提单。其他产品，如进口押汇、出口押汇、出口商业发票融资等，并不要求海运提单或类似物权凭证，而是以运输单据、货权转移单据或报关单替代。订单融资、出口商业票据贴现等，对运输单据也不做要求。

三是银行多环节控制融资风险。在实际操作中，银行通过企业准入评级、设定综合授信额度、要求抵押/担保、缴存保证金、控制物权凭证或开展贷后管理等多个环节来控制企业无法兑付信用证或偿还融资款的风险。当企业评级较好、抵押/担保或保证金比例较高时,部分银行不将物权凭证作为企业贸易融资的必要单据。

(三)小结

虽然在实际操作中,开证银行可能根据风险状况、贸易融资产品类型等情况,要求提供提单等物权凭证,但托收和跟单信用证结算的国际惯例,以及部分贸易融资产品均未要求委托人或申请人必须提供海运提单等物权凭证。总之,在没有物权凭证的情况下,进出口企业仍可开展贸易结算,并办理部分国际贸易融资产品。目前,铁路提单处于创设初期,物权功能还不完备,国际贸易融资实务的上述特点在一定程度上为铁路提单融资的顺利运作留下了空间。

三、陆运国际贸易融资实务中出现的困难

(一)非海运方式的国际贸易运输单证物权属性缺失,导致进出口企业贸易融资产品选择受限,且开证或融资担保要求较高

一方面,在没有海运提单等物权凭证情况下,进出口企业无法办理提货担保／提单背书、打包贷款、出口单据质押贷款和福

费廷等贸易融资，融资渠道受限。另一方面，由于陆运单据无法控制货物，不能冲抵银行在贸易融资中面临的风险，故银行往往要求提供价值较高的担保，或企业不能享有海运提单在贸易融资中减免担保的待遇。

（二）空铁联运、铁公水联运的责任划分及货损责任认定尚未形成国际共识，银行提供融资存在追偿风险

在20世纪50年代集装箱运输兴起后，国际社会就开始制订多边国际货物联运规则，然而如《联合国国际货物多式联运公约》（1980年由联合国贸易与发展会议制订）、《鹿特丹规则》等尚未生效。究其原因，一是各运输方式下责任限额不同。海运方式下承运人免责事项更多，责任限额较低；而空铁联运对象主要是高价货物，货方不接受与海运规则相同的较低的承运人责任限额。二是难以确认联运过程中货损责任人。银行若参与多式联运方式下的国际贸易融资，一旦出现货物毁损情况，责任划分的纠纷易导致融资款的追偿存在相应的纠纷，不利于融资款的追偿。

（三）国际贸易融资下货物本身的抵押权属级别不高，使得银行以在途货物为标的提供融资服务难

从银行操作实务来看，进出口企业的国际贸易融资，若不是融资额全额担保，则需要先获得银行的综合授信。贸易融资作为贷款，纳入银行信贷政策统一管理，实则满足一般贷款所需要的条件和风险管理要求。作为国际贸易下流动的货物而言，其本身作为担保品，难以得到与厂房、地产等抵押物同等地位的认可。同时,与国内贸易融资不同,进出口货物的流转要跨境,货物监控等差异使得银行难以通过控制贸易物品来提供融资服务。在非海运方式下,针对在途货物的融资服务,还受在途时间短等因素的影响。货物在途时间短,银行难以及时审批此阶段的融资服务。

发挥中国(重庆)国际贸易"单一窗口"功能若干问题研究

发挥中国(重庆)国际贸易"单一窗口"功能若干问题研究

(2019年12月)

党中央高度重视重庆在国家重大战略中的地位和作用。习近平总书记在2016和2018年对重庆提出"两点"定位、"两地""两高"目标,明确了重庆的角色定位和建设目标。2019年,习近平总书记在视察重庆时又进一步提出发挥"三个作用"的工作要求,为新时代重庆发展做出了战略指引。在推进共建"一带一路"中发挥好带动作用,重庆就必须全面树立从全局谋划一域、以一域服务全局的理念,按照共商共建共享"一带一路"的总体原则和以"五通"为核心的主体内容,通过完善各个开放平台和口岸功能,把重庆建设成为内陆国际物流枢纽和口岸高地、内陆开放高地。

国际贸易"单一窗口"制度是国际上普遍接受的一种通关管理模式,也是保障供应链安全和促进贸易便利化的重要措施。所谓"单一窗口",是指参与国际贸易和运输的各方,通过单一的接入点提交标准化的信息和单证,以满足相关法律法规及管理要求的平台。国际贸易"单一窗口"在重庆建设内陆开放高地过程中具有先导性引领作用,是推进共建"一带一路",发挥重庆带

---

*特邀课题指导:吴家农。课题组组长:王济光。课题组副组长:马明媛、肖文军。课题组成员:熊朝阳、谭斌、李小东、王会。

动作用的重要基础设施。近年来,重庆在国际贸易"单一窗口"建设中立足重庆开放发展的客观实际和现实基础,着眼于服务区域经济发展和国家构建全面开放新格局的战略思维,进行了一系列体制创新、机制创新、平台创新和业务创新,取得了一系列重要成果,得到国家领导、管理部门和市领导的充分肯定。但是,对标对表国家开放战略对内陆开放型经济发展的客观需要和国际先进水平,中国(重庆)国际贸易"单一窗口"仍然存在通关环节不畅、通关环境不优、通关国际化标准不高等诸多问题,在功能完善提升方面还面临诸多挑战。

本报告在立足实践、服务全局、着眼未来的前提下,通过梳理"单一窗口"的理论和政策演变,讨论重庆"单一窗口"主要功能及设计便利化效果,分析重庆"单一窗口"各项功能实际应用情况,形成对现阶段重庆在"单一窗口"建设过程所存在的相关问题的总体把握,并通过对"单一窗口"前期运行实效与理想设计效果的差距分析,明确今后的改进方向,提出充分发挥重庆"单一窗口"各项功能的政策建议。

本报告对于充分发挥重庆"单一窗口"现有功能,让企业全面享受开放政策红利,从而使重庆在推进共建"一带一路"中发挥好带动作用,具有很强的现实意义。

一、国际贸易"单一窗口":理论、政策与现状

在现代国际货物贸易中,"单一窗口"是指各类贸易主体向贸易对象国家或地区的相关政府机构提交货物进出口或转运所

需单证或电子数据时通过的单一入口,其表现形态或为单一机构,或为单一系统,或为公共平台。国际相关组织对于"单一窗口"形成了大体一致的认识以及一系列重要研究成果。国际贸易的"单一窗口"建设也随着现代科技、贸易环境和贸易实践的发展变化,呈现出不同方向的发展。在中国发展开放型经济进程中,为提高贸易效率和监管水平,"单一窗口"建设日益成为国家开放战略的重要内容,得到政策性推进。重庆在推进内陆开放高地建设行动计划中,对"单一窗口"的探索实践走在了全国前列,并在体制架构、机制设计、平台建设和业务应用等方面形成了独具特色的相关经验。

(一)国际贸易"单一窗口"的概念界定

按照联合国贸易便利化和电子业务中心(UN/CEFACT)2005年第33号建议书给出的定义,"单一窗口"是指参与国际贸易和运输的各方,通过单一的平台提交标准化的信息和单证,以满足相关法律法规及管理的要求。

(二)国际组织关于"单一窗口"的重要研究成果

鉴于现代国际贸易尤其是货物贸易在世界经济发展中的基础性地位,相关国际组织特别重视对"单一窗口"的研究,形成了若干指引性"单一窗口"建设规范或规则。在相关国际组织中,最具代表性和权威性的机构分别是:联合国贸易便利化和电子业务中心(UN/CEFACT)、世界海关组织(WCO)和亚太经合组织(APEC)。十几年来,上述三大国际组织就"单一窗口"在货物贸易中的信息交换、数据标准、法律框架、操作技术、海关协调、互联互通等制定了一系列规范性规则。主要包括：

联合国贸易便利化与电子业务中心（UN/CEFACT）第33号建议书《建立单一窗口以加强贸易业与政府间信息的有效交换的建议书与指南》（2005年），联合国出版；

联合国贸易便利化与电子业务中心（UN/CEFACT）第34号建议书《国际贸易数据的简化与标准化》（2009年），联合国出版；

联合国贸易便利化与电子业务中心（UN/CEFACT）第35号建议书《为国际贸易单一窗口建立法律框架》（2010年）；

联合国贸易便利化与电子业务中心（UN/CEFACT）第36号建议书《单一窗口的互操作性》（2017年）；

世界海关组织（WCO）《单一窗口数据协调指南》；

世界海关组织（WCO）《单一窗口对海关的启示》（2008年）；

世界海关组织（WCO）《单一窗口数据模型》（2008年）；

亚太经合组织（APEC）建议书《努力在亚太经合组织各经济体建立单一窗口并努力实现和国际互联互通》（2010年）；

亚太经合组织《单一窗口国际互操性研究：实现的关键问题》（2018年）。

（三）世界各国"单一窗口"建设的进展情况

据不完全统计，世界上已有60多个国家在国际贸易中引入了"单一窗口"。1978年，日本启动第一个电子通关系统NACCS（日本自动货运清关系统），经过40年探索实践，目前已经建成以该系统为核心的"单一窗口"。1982年，德国为解决汉堡港信息流通慢、成本高的问题，在汉堡港建立了"单一窗口"试点。1989年，新加坡开始建设贸易网（Trade Net）。同年，瑞典建立了国家"单一窗口"。1994年,美国正式提出建设国际贸易信息系统(ITDS),现正致力于将多个信息化系统整合,从而形成一个单一系统,实现真正的"单一窗口"及大数据管理。2003年,东盟通过了实施"单一窗口"计划建议书,2005年12月,东盟经济贸易部长会议签署《建立和实施东盟单一窗口的协定》,除新加坡外,文莱、印尼、马来西亚、菲律宾、泰国等五国的"单一窗口"都已在2008年投入使用,另外四个东盟国家在2012年完成各自的"单一窗口"建设。哈萨克斯坦海关委员会专门向其总统起草并递交了关于实施"单一窗口"的有关文件,提出具体工作设想并明确由海关牵头负责。吉尔吉斯斯坦专门成立国家协调委员会负责实施"单一窗口"建设,并由吉尔吉斯斯坦工贸部负责牵头落实。蒙古国专门成立国家协调委员会负责实施"单一窗口",并由蒙古商会负责牵头落实。俄罗斯在最近的一系列国际和区域组织研讨会上提出建设成员国"单一窗口"的建议。

(四)我国国际贸易"单一窗口"建设基本情况

2015年,我国在WTO《贸易便利化协定》巴厘岛文本中做出承诺,于2017年底全面建成国际贸易"单一窗口"。

2016年10月14日,国务院口岸工作部际联席会议办公室印发《国家口岸管理办公室关于国际贸易"单一窗口"建设的框架意见》(署岸函〔2016〕498号)(简称《框架意见》),明确了全国"单一窗口"建设的指导思想、建设目标、基本原则、总体布局、建设内容、建设阶段和保障措施等,标志着国家层面"单一窗口"建设的顶层设计正式出台。框架意见中明确指出"单一窗口"建设目标是:实现申报人通过电子口岸平台一点接入、一次性提交满足口岸管理和国际贸易相关部门要求的标准化单证和电子信息,相关部门通过电子口岸平台共享数据信息、实施职能管理,处理状态(结果)统一通过"单一窗口"反馈给申报人。

我国国际贸易"单一窗口"建设包括中央和地方两个层面。按照《框架意见》,中央层面统筹推进"单一窗口"基本功能建设,包括:口岸执法与基本服务功能、跨部门信息共享和联网应用、与境外信息交换功能三个方面。地方层面拓展口岸政务服务功能、口岸物流服务功能、口岸数据服务功能和口岸特色应用功能四大特色服务功能。《框架意见》从我国实际国情出发,兼顾了中央层面的统筹协调、避免了重复建设、发挥了地方层面的积极性和创造性。

截至目前,国务院下发涉及"单一窗口"的文件已有13个:

(1)《中共中央国务院关于构建开放型经济新体制的若干意见》;

(2)《中华人民共和国国民经济和社会发展第十三个五年规划纲要》;

(3)《政府工作报告——2016年3月5日在第十二届全国人民代表大会第四次会议上》;

(4)《政府工作报告——2017年3月5日在第十二届全国人民代表大会第五次会议上》;

(5)《国务院办公厅关于支持外贸稳定增长的若干意见》(国办发〔2014〕19号);

(6)《国务院关于印发落实"三互"推进大通关建设改革方案的通知》(国发〔2014〕68号);

(7)《国务院关于改进口岸工作支持外贸发展的若干意见》(国发〔2015〕16号);

（8）《国务院关于加快培育外贸竞争新优势的若干意见》（国发〔2015〕9号）；

（9）《国务院关于支持沿边重点地区开发开放若干政策措施的意见》（国发〔2015〕72号）；

（10）《国务院批转国家发展改革委关于2016年深化经济体制改革重点工作意见的通知》（国发〔2016〕21号）；

（11）《国务院关于促进外贸回稳向好的若干意见》（国发〔2016〕27号）；

（12）《国务院关于做好自由贸易试验区新一批改革试点经验复制推广工作的通知》（国发〔2016〕63号）；

（13）《国家口岸管理办公室关于国际贸易"单一窗口"建设的框架意见》（署岸函〔2016〕498号）。

目前，"单一窗口"已经成为我国跨部门、跨行业、电子政务与电子商务相结合的数据交换平台，拥有进出口业务信息流、资金流、货物流等电子数据，既可以为行政管理部门提供联网审批和数据核查，也可以为进出口企业提供网上办理进出口业务服务，从而为我国构建开放型经济新体制、形成全面开放新格局奠定了体制性的探索基础。

（五）中国（重庆）国际贸易"单一窗口"建设进展情况

中国（重庆）国际贸易"单一窗口"建设工作于2017年2月正式启动，经历了需求调研、业务协调、建设实施、调试运行、推广应用五个阶段，展开了80余次联合办公和调研座谈，汇总梳理部门及企业问题和需求100余个，与涉及国际贸易的管理部门、经营企业等20余家单位开展60余次信息数据协调，推动各方系统整合和信息汇集共享。目前,中国(重庆)国际贸易"单一窗口"已经对接22家单位54个系统,汇集信息57项368万余条,推动水运、航空、铁路物流信息共享和业务协同,并成功获批成为全国标准版首批7个试点省市(天津、重庆、广东、福建、浙江、陕西、宁波)之一。2017年10月31日中国(重庆)国际贸易"单一窗口"正式上线运行,2018年4月底完成面向全市38个区县(自治县)的全覆盖培训,累计培训1700余个单位3000余人次。

中国(重庆)国际贸易"单一窗口"建设有43项功能,包括国家标准版12项政务功能(货物申报、原产地证书、许可证件、企业资质、运输工具、舱单申报、出口退税、税费办理、查询统计等)及31项地方特色功能(分为政务服务、物流协同、数据服务、特色服务4大板块)。实现了"四通"目标(申报直通、系统联通、信息互通、业务畅通),形成了"六个一"特色(一次提交、一口申报、一次查验、一次放行、一键跟踪、一网服务)。据测算,企业通过使用国际贸易"单一窗口",通关环节可优化30%以上,通关时间可缩短10%以上,企业综合成本可下降10%以上。

截至2019年10月底,重庆"单一窗口"累计业务量11387188票,其中货物申报1954867票,报关单量位居全国前列、内陆第一;舱单传输1137766票(其中公路运输129513票,空运1008253票);运输工具申报141140票(其中水运4票,空运141136票);原产地证书申领11036票;许可证件申领534票;企业资质办理16413票;其他业务项目申报8125432票。预计到2019年底,重庆"单一窗口"累计业务量将达到1600万票左右,2019年全年业务量约1472万票。2018年8月1日实施关检融合整合申报改革后,"单一窗口"货物申报覆盖率达到100%,成为国际贸易报关申报主渠道,提前完成国家口岸办和市政府下达的80%的目标任务。"单一窗口"已经成为重庆货物贸易报关业务申报的主渠道,也成为吸引外地流量、拓展对外服务的重要平台。

从全国上线的各省市"单一窗口"网站看,重庆市"单一窗口"特色应用最多、业务创新最强。

(1) 2017年5月9日,全国"单一窗口"第一票报关单通过重庆"单一窗口"申报成功。

(2) 2017年8月2日,全国"单一窗口"第一票原产地证通过重庆"单一窗口"申领成功。

(3) 2018年3月6日,重庆"单一窗口"在全国第一个上线在线国际结算功能,并成功实现收付汇业务。

(4) 2018年8月22日,全国"单一窗口"第一票空运运输工具申报通过重庆"单一窗口"申报成功。

(5) 在全国首创《中国(重庆)国际贸易单一窗口便利通关100条》措施。

(6) 全国"单一窗口"第一个国际合作项目——中新"单一窗口"合作项目落户重庆。

国家口岸管理办公室对中国(重庆)国际贸易"单一窗口"给予高度肯定,对其的评价为:"思路领先、理念超前,国内先进水平!"从实际功能和应用效果看,国家口岸管理办公室的评价名副其实。

(六)"单一窗口"对建设内陆开放高地的重要意义

作为开展现代国际贸易的基础性平台,"单一窗口"在内陆地区发展开放型经济进程中,尤其是在重庆实施内陆开放高地建设行动计划中,具有明显的贸易集聚作用和不可忽视的现实意义。

1. 建设好"单一窗口"是实现国家对重庆战略目标的基础性工程

习近平总书记视察重庆时强调，重庆是西部大开发的重要战略支点，处在"一带一路"和长江经济带的联结点上，在国家区域发展和对外开放格局中具有独特而重要的作用，要求重庆要建设成为内陆国际物流枢纽和口岸高地、内陆开放高地。在当前国际贸易愈益要求便利化的形势下，只有实施建设国际贸易"单一窗口"，才能使重庆真正融入"一带一路"和长江经济带发展，通过电子口岸建设将"一带"、"一路"和长江经济带相关信息连接起来，进而推动物理空间上的交通物流无缝连接，服务于国际贸易枢纽建设，提高经济运行效率。

2. 建设好"单一窗口"是内陆地区发展开放型经济的必由之路

中欧国际班列成功运行之后，国家高度重视内陆地区探索陆路国际贸易规则，并把跨境"单一窗口"中直接涉及的各类贸易、监管单证作为探索推广陆路国际贸易规则的具体抓手和突破口。重庆在内陆开放高地建设中重视电子口岸建设，并以此为基础拓展"单一窗口"功能，有助于形成内陆开放高地特色，对于内陆地区形成全面开放新格局具有示范意义。

3. 建设好"单一窗口"是畅通国际陆海贸易新通道、形成立体开放格局的内在需要

目前，以重庆为营运中心的国际陆海贸易新通道建设已经取得多方面的成果，为陆海新通道的运输、物流、通关提供"单一窗口"服务。提高陆海新通道的运行效率，有利于增强该通道的市场竞争力,扩大重庆对外开放的空间。

4. 建设好"单一窗口"是巩固中欧班列西向通道成果、推动口岸通关"一卡通"真正落地的前提条件

我国西向开放通道建设需要实现多个沿线国家之间的物流通关信息互联互通和共享,实现跨境通道的无障碍对接,只有加快建设跨境"单一窗口",才能进一步提升中欧国际班列(重庆)的营运水平,为中欧陆路国际物流实施"一卡通"创造必要条件。

5. 建设好"单一窗口"是构架内陆地区多线性、多方式、立体化、开放式通道体系的核心内容

目前,我国内陆地区已经初步形成了包括西向中欧班列、南向陆海新通道、面向主要发达经济体的航空货运通道以及传统的东向长江黄金水道的立体化通道网络。但是,面对日益复杂多变的全球贸易环境,为充分发挥重庆的区位优势、资源优势和产业优势,还需要通过建立"单一窗口"形成物流信息网络,实现口岸通关、空铁海公物流、商务作业的全链条信息整合服务,为更加顺畅的多种运输方式衔接和更加便捷的国际贸易环境提供信息支撑。

6. 建设好"单一窗口"是实现网络化、大数据、智能化国际贸易信息处理系统的重要工作

重庆已有国际贸易经验表明,通过跨境"单一窗口"可以为各类国际贸易主体提供与国际贸易相关的海量信息,极大地便利货主和货代掌握物流信息,方便承运商安排运输作业和降低物流成本,并通过信息流带动周边物流资金流向重庆聚集,为重庆充分利用"两个市场、两种资源",建设内陆开放高地,提供依托大数据的网络化、智能化信息支撑。

二、重庆"单一窗口"主要功能及设计便利化效果

中国(重庆)国际贸易"单一窗口"的总体架构,是在中国国际贸易"单一窗口"顶层设计的前提下,根据重庆在国家开放战略格局中的基本定位和作用要求而确定的。在设计的流程优化过程中,分别按物流方式涵盖了水运、航空、铁路以及其他各类业务的流程,形成了政务服务、物流协同、数据服务和特色服务四大功能板块。

(一)我国"单一窗口"总体架构设计

《国家口岸管理办公室关于国际贸易"单一窗口"建设的框架意见》是全国"单一窗口"建设的顶层设计,它在借鉴国际先进做法和成功经验的基础上,充分结合了我国开放型经济发展的实际需要,着力形成中国特色,将我国"单一窗口"建设划分为中央和地方两个层面,共同构成一体化的"单一窗口"体系。

1. 国家"单一窗口"顶层设计

中央层面统筹推进基本功能建设,提供"单一窗口"标准版;地方层面推广应用"单一窗口"标准版,并拓展地方特色服务功能。两个层面通过设施互联互通,消除信息孤岛,避免重复建设。

在职能界定划分上,中央层面负责顶层设计和统筹规划,组织开发跨部门、跨区域及全国通用的基本功能,以中国电子口岸

作为国家"单一窗口"中枢平台,与各口岸管理部门系统做好对接,制定全国"单一窗口"标准版并推广应用,同时开展与国际上的"单一窗口"的合作对接;地方层面则负责推广应用全国"单一窗口"标准版,在此基础上,遵循有关标准规范,整合地方资源,以地方电子口岸作为国家"单一窗口"落地平台,积极拓展地方特色服务功能。原则上一省(区、市)建设一个省(区、市)域"单一窗口",探索区域"单一窗口"建设。

2. 重庆"单一窗口"总体架构

中国(重庆)国际贸易"单一窗口"设计为中央标准版和地方特色两大应用模块。其中,中央标准版将企业资质、许可证件、原产地证、运输工具、舱单申报、货物申报、加工贸易、税费办理、跨境电商、物品通关、出口退税、查询统计、口岸物流等功能入口统一到一个界面,实现一点接入。地方特色模块有政务服务、物流协同、数据服务、口岸特色应用四大功能,提供31项服务。

(二)中国(重庆)国际贸易"单一窗口"的功能模块设计

中国(重庆)国际贸易"单一窗口"建设的思路是:全面实现中央标准版所涵盖的功能,并结合重庆建设内陆开放高地的特殊需要开发地方特色模块,形成31项功能。与中央标准版功能相互关联、互为补充,统一为中国(重庆)国际贸易"单一窗口",向用户提供政务服务、物流协同、数据服务、特色应用四大功能板块,尽可能促进国际贸易便利化。

1. 政务服务板块功能

目前,中国(重庆)国际贸易"单一窗口"已全部实现中央标准版的功能,基本覆盖口岸通关全流程,包括申报、查验、支付、放行、查询等业务办理,并伸延到贸易管理环节,如许可证件、企业资质、出口退税办理等。下面简要介绍中国(重庆)国际贸易"单一窗口"中政务服务板块的部分功能及其便利化的效果。

(1)货物申报功能。

企业通过互联网登录"单一窗口",一次性录入(或导入)相关数据,即可满足海关对货物申报和信息共享的需求,监管结果信息通过平台实时反馈给申报人。以往企业需要面对两套应用系统,重复录入数据项超过1/3。根据全国海关通关一体化关检业务全面融合工作部署安排,2018年8月1日起,重庆海关实施关检融合统一申报,原报关单、报检单合二为一,流程简化一半,申报项由229项简化到105项,随附单据由74项整合为10项,监管证件由102项简化为64项。

据重庆通达报关服务有限公司操作主管介绍,整合申报前需要报关员、报检员各1名分别录入报关和报检数据项,整合后1位报关员即可完成全部申报工作,提高企业工作效率的同时,用工成本也大幅下降。

便利化的效果:环节由报关、报检两个简化成1个,时间节约50%,成本节约50%。

(2)舱单申报功能。

企业将舱单电子数据录入或发送到"单一窗口"后,"单一窗口"会自动将舱单数据按照部门的监管要求,传输给海关、海事等业务处理系统,并将各部门的审核结果统一反馈给企业。企业在后续货物申报环节可以复用舱单中的船名、航次、货物等信息,有效减少企业重复录入和数据差错率。

便利化的效果:企业通过原电子口岸新舱单系统直接导入数据到标准版舱单申报系统,重庆"单一窗口"可掌握数据和各环节回执状态,更好地为企业服务。舱单申报环节效率提高,可节约0.5小时。

(3)运输工具申报功能。

使用"单一窗口"前,企业在进行船舶进港申报时需要面对管理部门不同的4套系统,需要携带纸质单证分别到海关和边检的办事窗口进行盖章,再到海事窗口换取国际船舶出口岸许可证,整个流程耗时2天左右。使用"单一窗口"后,船舶进港申报只需要通过1套系统即可完成,更为便捷的是,通过"单一窗口"在线办理,网络送达,企业无须跑现场办理,真正体现了"让信息多跑路,让企业少跑腿"。

便利化的效果:减少了企业的申报部门。

(4)税费支付功能。

企业通过"单一窗口"可以足不出户地办理税费缴纳、在线打印税票等业务,企业从发出付款指令至付款完成不超过5分钟,避免了以往"柜台支付"导致企业来回奔波、手续烦琐的情况,极大地方便了企业,减少了企业成本。

以往,企业需先打印纸质税单,持税单去银行业务网点进行柜台缴税,费力劳神;或者通过东方支付平台电子支付,先预扣再实扣,步骤多余,税单流转不便捷,存在滞压税款等风险。"单一窗口"税费支付系统实现了国际贸易企业一点接入,使企业足不出户即可完成税费支付业务的办理,打印税单,大大提高了效率。此外,"单一窗口"标准版系统实现了海关与国库联网税费核销的功能,可进一步提高税费电子化支付率,保障税收及时、安全入国库。

便利化的效果:直接调用"单一窗口"计税结果在线缴税,估计每票可节约时间2小时。

(5)许可证件申领功能。

据统计,我国进出口许可证件涉及20多个部门几十种监管证件,企业需要分别到相关部委办事机构申领,过程烦琐。申领功能纳入"单一窗口"后,企业可以通过一个平台申请各类货物进出口许可证,"单一窗口"可将各部门反馈的办理状态实时推送给企业,使各环节衔接更加紧凑。且通过"单一窗口"可以实现许可证发证部门和口岸管理相关部门数据共享、联网核查与协同作业,提高了口岸的联合执法和监管效能。

便利化的效果:避免企业多部门跑路,估计每票可节约时间4小时。

(6)原产地证书申领功能。

出口企业在办理通关手续前,通过"单一窗口"向海关或中国国际贸易促进委员会申请办理,取得原产地证书后,出口货物在已签署自贸协定的22个国家和地区可以享受零关税待遇或者比"最惠国待遇"更优惠的税率。通过"单一窗口"同时可以实现与境外签发机构以及与进口国家(地区)海关间的数据传输,提高货物在进口国的通关效率。

以往,企业每年需要通过购买第三方软件服务进行原产地证书的办理,不仅有逾千元的年费,还会产生相应的流量费。通过"单一窗口"免费在线申领原产地证书,有效降低了企业成本,同时也为操作人员带来了便利。

便利化的效果:避免企业多部门跑路,估计每票可节约时间4小时。

(7)企业资质办理功能。

通过对各部门办理资质备案或申请的流程进行优化,由"单一窗口"平台一口受理、网上运转、并行处理,完成在相关部门办理资质的手续,有关审核结果统一通过"单一窗口"反馈给企业。

《海关总署公告2018年第28号(关于企业报关报检资质合并有关事项的公告)》规定,自2018年4月20日起,新企业在海关注册登记或者备案后,将同时取得报关报检资质。重庆市潼南区出口生产型企业重庆康佳森医疗电子科技有限公司反映,公告发布之前,企业需要分别申请报关和检务备案,备案完成后企业收到两张备案表。由于企业与海关距离较远,有100公里左右,企业分别备案需要来回两次,至少要花两天时间。公告实施后,企业可以先在"单一窗口"企业资质模块申请海关企业备案,再去海关提交相关资料,经海关审核后,企业收到的企业备案表同时拥有报关报检备案号,企业只花半天时间便能一次完成。

便利化效果:避免企业往多部门跑路,估计每票可节约时间4小时。

(8)加工贸易办理功能。

加工贸易办理功能目前有加工贸易手册、加工贸易账册、海关特殊监管区域、保税物流管理、保税担保管理、保税货物流转、委托授权、出境加工、选择性征收关税等内容。将特殊监管区内企业的货物流、单证流和海关的信息流有机结合,实现数据智能化管理,对进出区域货物的进、出、转、存等环节实施全方位监管,构建全国统一、分层级管理的区域系统。

便利化的效果:估计每票可节约时间2小时。

(9)查询统计功能。

"单一窗口"提供动态查询、统计发布、实时分析、预测预警、贸易流程可视化等服务,为企业提供通关全流程信息查询服务,并为政府部门改善管理、加强监管、优化服务提供决策支持。

（10）重庆跨境贸易电子商务公共服务平台。

把跨境电商业务纳入重庆"单一窗口"进行管理和服务，提高了管理流程效率。2018年通过重庆跨境贸易电子商务公共服务平台进行进口交易2288.55万单，交易额47.74亿元人民币，征收税金5.71亿元人民币。

便利化的效果：实现跨境贸易电子商务服务和"单一窗口"的融合，估计每票可节约时间0.5小时。

2. 物流协同板块功能

物流协同板块提供水运、空运、铁路运输口岸物流信息协调功能，实现单证和物流信息协同共享，如报关单证办理状态、抵港、理货、船舶实时动态等信息，通过为口岸单位和相关企业搭建信息共享平台，打通了国际贸易链条各环节信息堵点，推动水运、空运、铁路运输贸易环节优化。

（1）水运口岸物流信息协同。

水运口岸物流信息协同是针对重庆水运口岸物流量大、以转关为主等特点，消除报关行、货代公司、口岸经营单位和联检部门之间信息孤岛，强化物流信息协同的解决方案。相关企业可以一键查询或订阅通关、物流中关键节点信息，优化和统筹国际贸易全链条作业，提高通关效率。

以上海港转重庆港货物为例，重庆水运绝大多数集装箱由上海洋山港转关进口，转关单核销状态是报关的前提。以往需要报关员每天上午、下午到现场柜台询问，如果错过核销时间节点，会增加半天以上的滞港时间，影响通关效率，产生额外费用。"单一窗口"将转关单核销状态信息推送至收货人及其代理人，仅这一个环节优化就可节约半天时间。

便利化的效果：转关核销信息共享，便于相关企业及时掌握物流和通关动态,有机衔接各环节,估计每票可节约时间2小时。

(2)铁路口岸物流信息协同。

铁路口岸物流信息协同是针对中欧班列(重庆)铁路和口岸特点,实现跨区域、跨部门、跨企业的交易数据、监管数据、物流数据间的交换协同,同时满足申报主体申报需求、联检单位执法要求,提高协作效率。

便利化的效果:便于相关企业及时掌握物流和通关动态,各环节有机衔接,估计每票可节约时间1小时。

(3)航空口岸物流信息协同。

航空口岸物流信息协同是针对重庆航空口岸特点,消除报关行、货代公司、口岸经营单位和联检部门之间信息孤岛,提高全流程效率的物流信息协同方案。相关企业可以一键查询或订阅通关、物流中的关键节点信息,优化和统筹国际贸易全链条作业,提高通关效率。

便利化的效果:及时掌握物流和通关动态,各环节有机衔接,估计每票可节约时间4小时。

3. 数据服务板块功能

数据服务板块具体包括外贸数据、口岸数据、口岸效率、跨境数据、快件数据、物流可视等。

(1)外贸数据。

免费提供国际贸易活动相关专题库,比如贸易政策专题库、展会信息专题库、进出口采购信息专题库、物流商信息专题库等等,并对相关信息进行数据分析,方便企业及时获取,用于决策。

(2)口岸数据。

统计一定时间范围内各关区进出口报关量,并进行统计分析。方便企业及相关部门实时了解各关区申报情况,为企业经营活动和部门管理决策提供数据支撑。

（3）口岸效率。

进行通关效率统计,包含进出口报关数据统计、水空铁通行效率统计、航空口岸进口货物通关环节节点分析等,有效掌握重庆市各口岸通行情况,可分别对各个时间节点进行优化,提高口岸通关效率。

（4）跨境电商数据。

包含对跨境电商贸易数据的展示和分析。对历年跨境电商进出口情况进行统计,并根据贸易国别及进出口货值分别进行对应的排名统计,可实时而全面地掌握重庆市跨境电商运行情况。

（5）快件数据。

提供全市快件身份信息验证通过情况。以前企业需要付费到专门的网站进行快件身份信息验证查询,中国（重庆）国际贸易"单一窗口"将这一信息免费提供给各企业,有效降低了企业的经营成本。

（6）物流可视。

企业可通过输入提单号查询货物在途情况,实时掌握物流情况。

4. 特色服务板块功能

该板块包括船舶流量、船舶动态、全程追溯、综合信用、外贸超市、金融服务等特色应用功能。

（1）船舶流量。

船舶流量功能可为企业提供朝天门、果园、万州、三峡大坝、宜昌、武汉、南京、张家港、太仓、上海10个区域的船舶流量信息查询,可具体查询到当天特定区域船舶的总数、平均进量、平均出量3个数据；同时通过地图可以看到每个区域所有船舶的详细信息，包括船名和行进方向。帮助企业全局性地掌握目标区域的船舶进出情况，以便提前制订船舶计划，避免拥堵，合理安排运输方式和时间，估计每票可节约时间2小时。

（2）船舶动态。

通过进出口货物的提运单号和MMSI/船舶名称两个查询条件跟踪目标船只的运行速度和历史运行轨迹；系统会自动对船舶运行速度进行判断提示，超过10节时提示"速度正常"并将船速以蓝色字体显示，低于10节时提示"速度过慢"并将船速以红色字体显示；系统每天准时更新船舶的最新信息，并推送给订阅用户。

以往，企业需要到船公司相关网站查询船舶状态，如涉及不同船公司的货物，需要到不同的网站进行查询，通过"船舶动态"服务可以在一个界面查询到不同船公司的船舶位置状态，且可以实现实时跟踪。估计每票能节约2小时。对货代来说，订阅"船舶动态"可尽快掌握所关注船只的最新运行情况，不用再去各个网站分别查询，从而减少了跟踪时间。对生产单位来说，准确掌握货物的在途情况，有利于更好地调整生产计划，减少企业成本。

（3）全程追溯。

以药品为例，整合货物所有环节数据信息，对进口药品从入境前到患者使用进行全程跟踪，设计展示了16个时间节点，包括船舶抵港前、原始舱单、船舶抵港、卸船理货、转关、报检、报关、查验、税费支付、放行、药品交易所、经营企业、药库、医疗机构、科室使用、患者使用等运转环节。便于监管单位进行监管；便于使用者清楚掌握药品来源；便于中间环节经销商掌握货物在途情况,以便提前安排销售计划。

(4)综合信用。

整合了市场监督管理局、海关、中国人民银行、国家税务局等监管部门的企业信用信息,可以对同一家公司在不同单位的信用信息进行查询核实,便于监管单位掌握企业的全面信息,使得信息透明化。

以往,企业在海关、中国人民银行、市场监督管理局等监管单位有其信用评级,但各单位之间的信用信息并不互通,如企业在中国人民银行的评级很低,有巨额欠款,存在资金链断裂情况,但在海关的评级很高,进口时获得快捷通关,就会存在无法支付税款的风险。"单一窗口"将海关、市场监督管理局、中国人民银行、国家税务局的信用评级进行整合,可以帮助监管单位直观地看到企业的各项信用情况,方便对其进行监管。

(5)外贸超市。

该服务功能根据不同服务类型,将各类企业像超市产品一样罗列展示出来并链接平台入口,在外贸服务需求方和提供方之间免费搭建信息沟通渠道,优化外贸作业环境。

以往,刚开始外贸业务或需要更换代理的企业,大多数通过熟人介绍确定合作报关物流企业,"单一窗口"外贸超市上线后,各种类型的第三方服务企业平台在"单一窗口"得以展示,需求企业可以很方便地在"单一窗口"进行筛选查找,快速获取最优的第三方服务。"单一窗口"外贸超市也可帮助第三方服务企业扩大业务宣传,获取更多客户。

(6)金融服务。

与重庆各大金融机构合作,为企业提供金融服务。目前设置了两个板块的内容,一是在线结算,二是跨境融资,使企业享受到更多的金融便利。金融服务接入重庆各大金融机构，企业在一个平台登录，就可以享受到各种各样的金融服务。企业在操作结算、融资等业务时，可免提供佐证单据，由"单一窗口"后台抛送。对金融机构来说，"单一窗口"的金融服务，有了更真实可靠的佐证数据，减少了核查成本。

以往，企业需要将报关单、合同等纸质单据提供给银行，银行审查企业贸易真实性后完成付汇。"单一窗口"地方版在线收汇付功能实现后，企业可直接在线提交外汇结算信息。一方面企业可不用再跑银行提交报关单、合同等纸质单据，降低了企业操作成本，经测算，单票货物至少节省半天时间，至少节约人力1~2人；另一方面，从"单一窗口"获取的报关单数据有利于银行对贸易真实性的核实，提高银行的审核效率，在线结算同时也有利于银行实行单据电子化管理，降低纸质单据管理成本。

(7)数据订阅。

提供报关、转关、船舶等信息的订阅功能，企业订阅相关信息后，系统自动将各项数据的最新状态推送给订阅用户，从而减少企业日常操作的工作量，节省大量时间。

以进口货物为例，如货还在太平洋上的远洋货轮里，那企业需要查询承运船务公司网站；如到达上海港，需查询上海港码头信息；如货已在长江的货船上，又得查询内航船务公司信息等；即便货物最终抵达重庆港码头，也要等待相关信息录入重庆海关后才能完成报关。以往，企业报关员为核准这些信息，每天上午、下午要到海关柜台查询转关单核销状态，一旦错过信息时点就要耽误半天以上滞港时间，产生额外费用。现在，通过数据订阅，实时更新的数据会及时推送给企业用户，报关员第一时间获得信息，可及时处理相关业务。

（8）信用保险。

与中国出口信用保险公司重庆营管部合作，为外贸企业提供出口保险及相关服务。通过中信保的海外买家数据库，不断更新国别风险信息和行业信息，帮助重庆企业充分运用政策性出口信用保险工具，及时掌握风险信息，规避海外风险，顺利开展对外贸易和海外投资，提高贸易投资便利化水平。

以往，企业在做出口业务时，可能因无法获得一些比较小的客户的资信情况而导致错失订单，或出口后因进口商的信用差以及其他风险而无法收回货款。通过"信用保险"的信用调查，出口方更清楚进口方的付款能力；通过"信用保险"的风险预警，企业更清楚对方国家以及沿途国家的风险情况；通过"信用保险"的投保功能，企业可以在无法收回货款时得到赔付。

（9）通关辅助工具。

这是由报关专业人员开发共享的一款报关单录入应用工具，它能够利用"单一窗口"商品导入特色功能，简单、快捷地将企业提供商品信息从EXCEL格式转换成标准模板格式。

"单一窗口"报关单表体导入模板的制作会涉及一些特殊的要求，并不是简单复制粘贴就可以，如所有的数字必须转换为文本格式等。通关辅助工具上线后，企业使用该功能可简单、快捷地将EXCEL中的商品信息批量导入标准模板，使得报关输机过程更加简单快速，同时提升申报的准确性。

（10）国际物流全程动态。

通过国际国内的通关物流信息交换整合，对货物全链条信息进行跟踪并展示状态情况，帮助企业直接掌握货物全程状态，便于供应链各环节的有效衔接，并为物流金融应用区块链技术打下基础。

（三）设计的流程优化情况

1.水运流程设计优化情况

重庆水运口岸以转关为主。"单一窗口"对水运转关进出口作业流程进行了优化。

按照常规流程，从船舶抵达上海，经长江航运到重庆码头提货，共需涉及19个主要环节，如图3-1所示：

图3-1　水运转关进口业务常规流程

"单一窗口"在设计之初，针对每一个环节进行分析，将水运转关进出口的19个环节优化了8个，口岸通行时间节约1天，口岸通行成本节约10%。重庆水运口岸进出口双向流程的效率得到提升。（见图3-2）

水运转关进口
口岸通行环节：优化8个环节
口岸通行时间：节约1天时间
口岸通行成本：节约10%

水运转关出口
口岸通行环节：优化8个环节
口岸通行时间：节约1天时间
口岸通行成本：节约10%

图3-2　现有作业模式与"单一窗口"比较——水运业务

2.空运流程设计优化情况

重庆航空口岸包括直航和转关两大类作业模式。其中空运直航进口优化了5个环节，口岸通行时间节约了5.5个小时，节约成本10%以上；空运直航出口优化了4个环节，口岸通行时间节约了5.5个小时，节约成本10%以上。空运转关进口优化了7个环节，口岸通行时间节约了7.5个小时，节约成本10%以上；空运转关出口优化了4个环节，口岸通行时间节约了5.5个小时，节约成本10%以上。（见图3-3）

空运直航进口
口岸通行环节：优化5个环节
口岸通行时间：约5.5小时
口岸通行成本：约10%以上

空运转关进口
口岸通行环节：优化7个环节
口岸通行时间：约7.5小时
口岸通行成本：约10%以上

空运直航出口
口岸通行环节：优化4个环节
口岸通行时间：约5.5小时
口岸通行成本：约10%以上

空运转关出口
口岸通行环节：优化4个环节
口岸通行时间：约5.5小时
口岸通行成本：约10%以上

图3-3　现有作业模式与单一窗口比较——空运业务

3.铁路流程设计优化情况

重庆铁路同样是以转关进出口为主。其中,铁路转关进口18个口岸通行环节优化了6个,节约口岸通行时间6小时,节约口岸通行成本10%以上。铁路转关出口18个口岸通行环节优化了6个,节约口岸通行时间6小时,节约口岸通行成本10%以上。(见图3-4)

口岸通行环节:优化6个环节
口岸通行时间:节约6小时
口岸通行成本:节约10%以上

口岸通行环节:优化6个环节
口岸通行时间:节约6小时
口岸通行成本:节约10%以上

图3-4 现有作业模式与单一窗口比较——铁路业务

4.各类业务流程设计优化情况一览表(表3-1)

表3-1 各类业务流程设计优化情况一览表

业务类型	原环节数	优化环节数	优化比例	节约时间/小时	节约成本
水运转关进口	19	8	42%	24	10%
水运转关出口	19	8	42%	24	10%
铁路转关进口	18	6	33%	6	10%以上
铁路转关出口	18	6	33%	6	10%以上

续表

业务类型	原环节数	优化环节数	优化比例	节约时间/小时	节约成本
空运直航进口	12	5	42%	5.5	10%以上
空运直航出口	14	4	29%	5.5	10%以上
空运转关进口	17	7	41%	7.5	10%以上
空运转关出口	14	4	29%	5.5	10%以上
综合评估	16	8	36%	10.5	10%以上

三、重庆"单一窗口"应用情况综合评估

(一)评估方法

1. 评估条件

中国(重庆)国际贸易"单一窗口"于2017年10月31日正式上线,实际上,在系统正式上线前部分功能已经开始运行。2017年5月9日,重庆国际贸易"单一窗口"率先与国家标准版对接,成功实现全国首票"单一窗口"标准版报关单申报,开始产生货物申报数据;2017年8月2日,成功完成全国首票"单一窗口"标准版原产地证书申领,开始产生原产地证书数据;系统正式上线后,标准版各项功能陆续上线,地方版主要功能也开始运行,各

项数据逐步完善。系统自正式上线至2019年6月,已有约两年的数据积累,具备评估分析的条件。

2.评估方法

根据业务需要,构建评估体系,确定下列分项评估指标。

(1)应用率(%)。

应用率是指"单一窗口"某项功能一段时期内实际发生业务数据量与应发生业务数据量的比值。评估时,我们选取2019年6月的数据作为应用率评估测试数据:

"单一窗口"某项功能2019年6月的应用率(%)=(某项功能2019年6月业务票数÷该项功能当月应发生票数)×100%

主要理由是:随着业务的发展,各项功能的应用量均随着月度递增而递增。如果选取累积量计算,会造成前期,特别是2017年系统刚刚上线时应用率普遍较低的影响,不能很好地反映当前功能的发展情况。选取2019年上半年最后一个月作为应用率评估测试数据,能够比较准确地反映当前的实际情况。

(2)系统稳定程度(%)。

系统稳定程度(%)=1−系统故障率

系统的运行稳定性是功能应用效果的重要保障,因此评估主体运行效果,系统故障的发生频率是一项重要指标。故障频发的功能,其稳定性差。一方面,企业可能会因担心发生故障不敢放手使用;另一方面,在使用过程中发生故障,会给企业带来额外的成本,浪费企业时间。

(3)全国独创性(%)。

主要考察该项功能在全国的独创性,其中,标准版功能全国通用,所以其全国独创性确定为0%;地方版功能如果属于全国独创或首创,则为100%,有的功能中的一部分在别的地区也有,则根据独创性和领先程度确定百分比。

(4)建立综合评价体系。

采用加权平均的方法,前两项指标权重确定为1,考虑到全国独创性指标为非直接性指标,而应用效果在一定程度上包含在前面的评价指标中,同时为了凸显独创性在一个省区市"单一窗口"的共享度,将其单列,但赋权为0.3。按照加权平均的方法,综合评估指标为：

综合评估=(应用率+系统稳定程度+全国独创性×0.3)÷(1+1+0.3)

分项评估后,总体综合评价采取算数平均的方法计算：

总体评估=AVG(各项功能综合评估%)

(二)评估效果

按照上述评估指标,综合评估情况如表3-2：

表3-2 重庆"单一窗口"应用情况综合评估表

序号	标准版、地方版功能	功能模块	使用次数/票(次)	应用率	系统稳定程度	全国独创性	综合评估
1	标准版	货物申报	1621515	130%	90%	0	96%
2	标准版	舱单申报	713329	118%	80%	0	86%
3	标准版	运输工具	91518	100%	100%	0	87%
4	标准版	企业资质	13222	80%	100%	0	78%
5	标准版	许可证件	283	50%	100%	0	65%
6	标准版	原产地证	4461	80%	100%	0	78%
7	标准版	加工贸易	44388	20%	100%	0	52%
8	标准版	税费办理	36134	50%	100%	0	65%

续表

序号	标准版、地方版功能	功能模块	使用次数/票（次）	应用率	系统稳定程度	全国独创性	综合评估
9	标准版	跨境电商	51682500	100%	100%	0	87%
10	标准版	出口退税	1	0%	100%	0	43%
11	标准版	物品通关	0	0%	0%	0	0%
12	标准版	查询统计	—	—	—	—	—
13	地方版	跨境电商	51682500	100%	100%	50%	93%
14	地方版	联合查验	549	10%	90%	80%	54%
15	地方版	新舱单系统	593206	100%	70%	80%	84%
16	地方版	渝检通	—	—	—	—	—
17	地方版	航空口岸企业申报系统	—	—	—	—	—
18	地方版	江北机场旅检申报系统	—	—	—	—	—
19	地方版	西永综保区企业申报系统	—	—	—	—	—
20	地方版	两路寸滩企业申报系统	—	—	—	—	—
21	地方版	铁路口岸企业申报系统	—	—	—	—	—
22	地方版	移动互联通关综合查询系统	—	—	—	—	—
23	地方版	转关运抵及二线运抵系统	—	—	—	—	—
24	地方版	铁路口岸通关信息平台	—	—	—	—	—
25	地方版	水运物流	4704	80%	100%	100%	91%

续表

序号	标准版、地方版功能	功能模块	使用次数/票（次）	应用率	系统稳定程度	全国独创性	综合评估
26	地方版	航空物流	1468	70%	100%	100%	87%
27	地方版	铁路物流	687	60%	100%	100%	83%
28	地方版	外贸数据	593	20%	100%	100%	65%
29	地方版	口岸数据	300	30%	100%	100%	70%
30	地方版	口岸效率	300	60%	100%	80%	80%
31	地方版	跨境数据	2000	80%	100%	100%	91%
32	地方版	快件数据	131844	100%	95%	100%	98%
33	地方版	物流可视	100	30%	80%	100%	61%
34	地方版	船舶流量	2907519	100%	100%	100%	100%
35	地方版	船舶动态	10000	100%	100%	100%	100%
36	地方版	全程追溯	50	10%	50%	100%	39%
37	地方版	综合信用	50	1%	60%	100%	40%
38	地方版	外贸超市	50	1%	100%	100%	57%
39	地方版	金融服务	5000	80%	100%	100%	91%
40	地方版	数据订阅	15000	80%	100%	100%	91%
41	地方版	信用保险	50	10%	100%	20%	50%
42	地方版	通关辅助	500	10%	100%	100%	61%
43	地方版	全程国际物流	测试	—	—	—	—

说明：1."—"表示不纳入综合评估

2."0"表示量为"0"

3.应用率超过100%是指有外地业务量在重庆办理，因此超过100%

续表

(三)应用情况

1.标准版功能效果

——4项综合评估值在80%及以上,分别是货物申报、舱单申报、运输工具和跨境电商。这4项代表了标准版最主要的申报功能,说明标准版主要申报功能应用良好。

——4项在60%~<80%,分别是企业资质、原产地证、许可证件、税费办理。这4项功能应用略差一点,主要问题在于应用率不高。

——2项在40%~<60%,分别是加工贸易和出口退税。前者应用率不高、系统稳定性不够、降本增效成果也不明显,使得总体成效表现不好,有待完善。出口退税的主要问题在于标准版设计的模式对重庆企业并无多大便利,且与国税局已经使用的电子税务局功能接近,企业习惯原有的申报方式,到"单一窗口"办理退税的积极性不高。

(说明:出口退税功能在重庆没有正式应用,只是试用,因为是全国标准版,在其他地方是有正式应用的,所以在综合评估中有评估指标数值。)

——1项应用为零,即物品通关。物品通关包括了展览品、快件和公用自用物品,目前重庆主要试用快件功能,没有正式应用,其他两项很少使用,且快件系统目前尚不够稳定,还有待优化。

——1项没有纳入统计,即查询统计。这项功能主要是反映企业的查询量,由于标准版没有公布查询量,所以无法统计,且其对业务影响也不大,因此未计入统计。日常实际应用量是有的。

从总体来看,应用得好和较好的即评估在60%及以上的占标准版的2/3;应用不好的即<60%的占1/3。

2. 地方版功能效果

——8项的综合评估值在90%及以上,表明其应用效果特别好,企业使用量较大,系统稳定,降本增效效果好。

——8项的效果在60%~<90%,代表了一批有一定应用量,但还有改进空间的功能。

——5项的效果在30%~<60%,主要是相关功能还存在一些问题急需改进。

——10项没有正式应用或在测试中,未计入统计。主要是原电子口岸项目,由于关检融合后,部分功能不再具备应用价值,因此未纳入统计。

地方版功能较多,应用好和较好的占52%。

3. 总体功能效果

从总体上看,标准版加上地方版应用效果较好及以上的(≥60%)共24项,达到56%;应用效果不及格(<60%)的共8项,占19%;另有11项未纳入本次统计,占26%。(注:因四舍五入,合计数不为100%。)

如果除去未纳入统计的11项功能,只分析有统计数据的32项,评估效果较好的共计24项,占75%;不及格的共计8项,占25%。

同时,对于纳入统计的32项功能,按照算数平均的效果计算:

中国(重庆)国际贸易单一窗口应用效果=∑(各项功能效果综合评估)/32=73%

即:对"单一窗口"使用以来的综合评估显示,其使用率为73%。

四、重庆"单一窗口"存在的主要问题分析

从总体情况来看,重庆"单一窗口"三分之二以上功能应用较好,但也存在一定的改进空间。标准版的推广应用情况基本实现了预期目标,但部分功能推广应用还不够;地方版的功能设计贴近重庆本地企业进出口需要,仍然还有一些特色功能需持续改进创新。

(一)标准版的主要问题及原因

中国国际贸易"单一窗口"标准版是全国通关一体化的重要依托和平台,企业只需要通过标准版填报一次数据,即可同时完成向海关、检验检疫、海事和边检等单位的申报以及后续的电子核放。中国国际贸易"单一窗口"标准版具备企业资质、许可证件、原产地证、运输工具、舱单申报、货物申报、加工贸易、税费办理、公共查询、出口退税、跨境电商、物品通关等基本功能,实现了国家部委层面的系统"总对总"对接,基本覆盖了口岸大通关全流程业务办理,其便利性日益凸显。

按照国家"单一窗口"和地方"单一窗口"的架构分工,标准版功能全部由国家层面统一开发,但是,其推广应用和与实际企业对接主要依靠地方口岸管理部门。各地对相关功能的理解和推广应用的方式、手段、力度不同,造成对标准版应用程度和效果也不尽一致。重庆"单一窗口"应用标准版的主要问题有以下几方面。

1. 出口退税功能一直未能上线

重庆在2017年就提出了建设出口退税功能的需求,重庆税务局也积极响应和配合。但是由于项目申请、审批过程较长,一直未完成立项工作。后在市领导的支持下,经协调从商务委外贸发展资金中列支,但仍需要按立项程序报批。在准备立项的过程中,国家税务局和国家口岸办的接口规范又发生了变化,要等新的接口规范出台后才能确定初设内容,然后按发改委、财政局和重庆市大数据应用发展管理局的程序报批。

2. 加工贸易双系统并行,"单一窗口"受影响

加工贸易物流功能推广应用不理想。按照新的技术体系,加工贸易的功能可以通过"单一窗口"和"互联网+海关"两个途径办理,其接口和技术规范完全相同。没有"单一窗口"之前,加工贸易业务一直在重庆海关主导开发的综改系统办理。"单一窗口"和"互联网+海关"系统推出后,重庆海关将原综改系统直接与"互联网+海关"对接,导致当前"单一窗口"的加工贸易办理业务量较小。在新的业务格局下,企业可以自主选择"单一窗口"和"互联网+海关"系统办理业务,后续"单一窗口"加工贸易功能的应用量主要靠企业自愿选择。

3. 非主要业务推广缺乏系统性

主要体现在企业资质、原产地证、许可证件、税费办理四项功能上。由于标准版主要业务是纳入国务院常务会考核的100%应用率要求的项目,因此从国家到地方推广力度都比较大。非主要业务未列入考核内容,所以在推广应用方面以企业自主应用为主,所以应用率相对较低。

此外,贸促会原产地证应用效果不好,主要原因是贸促会现

行原产地证申报系统实现了申报打印一体化,而且企业不需要支付费用即可在办公室直接完成申报、审批、打印一条龙作业,工作效率较高。目前"单一窗口"上虽然也可以进行原产地证的申请和审批,但由于不能打印,造成推广和使用效果较差。

许可证件功能应用率低,主要是由于各证件主管部门自身的系统依然在运行,企业习惯于在原系统办理,有些许可证件办理流程相对特殊,需要企业与其主管部门深入沟通,因此通过原有渠道办理的仍然占比较大。

4. 系统稳定性是提高核心业务美誉度的关键

综合评估值在60%及以上的8项功能,存在的主要问题在于系统故障发生率较高。一方面是因为这些功能本身用量较大,导致发生故障的次数较多。另外一方面系统在设计方面也存在一些问题。比如故障高发的舱单系统,主要问题在于标准版设计了客户端模式,该客户端由标准版运维,由于标准版对客户端进行封装,在应用过程中发现问题,只能联系标准版技术团队解决,地方无法对系统进行技术处理;而标准版技术团队远在北京,对现场发生的一般性问题很难直接解决,极易导致对故障处理解决的时间较长,严重的时候甚至会影响到企业通关走货。

(二)地方版的主要问题及原因

按照重庆市政府对重庆"单一窗口"公共性、时效性、统一性、开放性、创新性的定位要求,重庆地方版"单一窗口"的重点特色在于改革、优化和改善服务环境。特别是立足于公共性定位,以推动口岸和物流协同为突破口,以解决贸易运行"痛点""堵点"问题为导向,从全局视野强化顶层设计,加强与口岸监管和服务单位的沟通和协调。目前,重庆"单一窗口"对接了20余个部门的50余个系统,落地实施和开发了43项功能,在优化环节、简化单证、降低成本、提高效率等方面显示了其优越性,实现了"数据多跑路,企业少跑腿"。重庆地方版"单一窗口"已经实现"三个全覆盖":面向重庆全市开展全覆盖培训;功能向特殊监管区和跨境综合试验区延伸,实现重庆关区全覆盖;会同重庆海关实施关检融合整合申报改革,国际贸易主要业务(货物、舱单、运输工具)申报覆盖率实现100%全覆盖。重庆"单一窗口"不仅成为重庆市国际贸易业务申报的主渠道,而且成为汇集贸易流量、培育产业优势、拓展对外服务的重要平台。

但是,从功能设计与实际运用对比来看,其仍然存在着诸多问题。

1. 部门间合作沟通还有待提高

该问题主要体现在全程追溯、信用保险、综合信用等功能应用中。其中,全程追溯功能主要是和重庆药交所合作构建,其存在的问题在于药交所平台后期进行了较大的调整,而后续与药交所的合作没有跟上,导致业务应用无法深入;信用保险前期主要采取链接方式,企业应用直接跳转到中信保网站,后续业务和"单一窗口"没有有效衔接,企业应用效果在"单一窗口"难以体现。

目前,综合信用功能汇集了海关、市场监督管理局、国家税务局、中国人民银行等各方信用评估。存在的主要问题:一是在调取各方信息的时候系统稳定性还不够;二是综合信用没有对数据提供方形成反馈机制,各方提供信息的积极性不高。

2. 部分功能应用场景不够健全

比如外贸超市、口岸数据、口岸效率、航空物流、铁路物流等功能的应用场景。其中:

外贸超市有很好的建设思想和理念，但是，一方面该功能需要标准化的数据元支撑，这需要投入大量的人力和物质资源，有一个较长的建设过程，因此，在短期内还难以满足企业诉求。另一方面重庆企业思路尚未跟上，还没有对其形成普遍性需求。

口岸数据依托于口岸大数据系统，前期该系统解决技术问题花费的时间较长，试点企业应用效果不好，同时与通关业务的衔接也不够，导致企业聚焦于具体的通关业务，对前端延伸的服务不了解、不关注。

目前，关注口岸效率的单位主要是口岸管理部门，但是，由于通关各关节数据采集不完备，导致口岸效率分析不准确，与口岸管理部门的实际需求有较大差距。

对于航空物流、铁路物流等原有物流协同，"单一窗口"进行了初级探索，应该说效果还不错。但是由于应用场景开放不够，应用率还不够高。下一步可结合口岸和物流信息的整合，打造全市物流信息平台体系，统筹国际国内物流信息和通关信息，通过信息"多跑路"来降低物流成本，提高通关效率。

3. 部分功能推广应用力度不够

由于地方版功能多数在于便利化措施的提供，并不具有强制性，且各项功能的便利性参差不齐，如果某项功能的便利性让企业感到不够理想，它们就会放弃对该项功能的使用。这就导致很多企业仍然沿用老的办事方式。有时候企业提出一些新的需求，而这些需求实际已经在"单一窗口"上线，这就说明企业对"单一窗口"的各项功能并未完全了解，也说明"单一窗口"的推广应用力度仍然不够。

4. 创新空间有待进一步拓展

应用较好的功能，仍然存在可以拓展的创新空间。例如，水运物流动态可和单证状态做直接绑定,实现企业无须订阅,在报关申报审核状态的同时,直接带出物流状态。又如船舶动态、船舶区域流量、数据订阅等功能,虽然目前应用和市场需求都比较好,但仍然必须紧跟市场发展和需求。研究应用较好的功能中存在的问题,并加以改善,可为企业节约大量的人力物力。

此外,新技术、新功能不断发展,大数据、区块链技术的应用也在不同领域取得突破。在用好现有功能的同时也需要考虑未来的发展创新。

5. 关检融合后,有些功能应用价值不大

政务服务十二项功能多数在关检融合后使用价值不大。除了跨境电商、电子放行和新舱单系统外,其他功能几乎没什么应用。建议进一步深入研究各项功能,对于有应用价值的进行整合应用,取消确无应用价值的。

6. 应当针对物流通道新增功能

多式联运是物流发展大趋势,但近期还有很多问题需要解决。其中,多式联运信息化是一个核心内容,如果涉及国际多式联运还需与国际通关标准相衔接。多式联运信息化对重庆建设国际物流枢纽和内陆口岸高地具有重要意义,必须加以重点推进。

(三)影响"单一窗口"功能发挥的深层次问题

重庆市"单一窗口"建设已取得重大进展,但对标对表国家对重庆开放发展的战略定位和国际先进水平以及重庆市内陆开放高地建设的要求仍有距离,需要正视并分析其中存在的诸多深层次问题。

1. 尚未真正成为推动内陆开放高地建设的重要基础

在重庆市建设内陆开放高地过程中，尚未形成支持"单一窗口"建设的综合环境，没有建立起支撑"单一窗口"运维的长效机制，缺乏完善"单一窗口"持续创新的人才政策。特别是"单一窗口"核心作用的发挥还有很大空间，"单一窗口"建设面临专业人才流失的重大挑战。

据悉，浙江舟山为加强"单一窗口"建设，会同人社部门以"高薪+职务"引进专业人才。山东、黑龙江出台人才激励政策：在下一级党政正职岗位上干事创业、实绩突出、特别优秀的干部，可直接提拔担任上一级党政正职。重庆市在"单一窗口"建设领域引进人才、留住人才、激发人才潜能以及营造良好干事创业环境方面尚需高度重视。

2. 存在系统壁垒和信息孤岛等制度性因素掣肘

重庆市国际贸易领域中独立烟囱式信息平台多，互联互通协调难度大。主要是"单一窗口"平台与口岸各单位的业务融合度较低，与口岸现场物流信息缺乏深度互动。虽然目前重庆市"单一窗口"整合了20余个部门的50多个系统，但首批整合的系统还停留在浅层次融合，缺乏业务协同的深度，"单一窗口"的制度性优势尚未完全发挥出来。如加工贸易尚未与"单一窗口"进行有效衔接，与外向型产业的结合度不高；港口、铁路、机场与"单一窗口"的融合还不深；进出口业务与"单一窗口"衔接度较低，"单一窗口"对国际物流高效运作的支撑不够。

3. 在国际贸易业务中的普及程度仍然受到多方制约

重庆市大多数外贸企业对"单一窗口"先进功能尚未了解，习惯沿用传统方式开展国际贸易，贸易效率低和交易成本高的问题突出。外贸业务人员往往认为"单一窗口"的功能就是简单查询,处理国际贸易关联性业务的主管部门不了解"单一窗口"特色功能,无法将信息资源进行深度整合以推动贸易效率提升,难以从提质增效的高度加强管理。据我们粗略统计,企业使用"单一窗口"特色功能的不足 1/3,超过 2/3 的用户主要使用标准版传统功能,说明企业对提升效率的便捷操作接受度还不够。

4. 与之配套的多式联运支撑体系尚未建立

主要表现在重庆市铁海、铁空、水空、陆海等多式联运方式在监管单证流、货物单证流、实货运行流等方面的衔接不够紧密,"单一窗口"功能开发缺乏业务拓展基础,导致多式联运支持体系缺乏信息平台支撑,在转运阶段、前期准备、通关过程和货物提离四个阶段的应用难以深入推进。

5. 立项审批难以有效保障"单一窗口"建设

重庆"单一窗口"是满足企业国际贸易需求的基础设施,由于业务发展变化快,更新迭代的速度和响应要求均非常高。我们现行的申报立项机制一个周期基本需要一年,远远不能满足业务发展的需要,甚至存在从年初申报到项目批复时,国际贸易需求已经发生了很大变化的情况。

五、充分发挥重庆"单一窗口"功能的政策建议

中国(重庆)国际贸易"单一窗口"建设已经取得了阶段性成果,但还有很多方面需要完善,针对目前所存在的痛点和难点,基于充分发挥重庆"单一窗口"各项功能的需要,必须多管齐下、综合施策,建立长效机制,以保障其持续创新发展。

(一)分类施策,解决业务问题

1.以提高应用率为抓手强化应用

一是要加大面向各类政府主管部门的"单一窗口"业务培训力度,用好"单一窗口"现有功能。重点是面向海关、商务、税务等政府主管部门进行政策性、理念性的培训,使相关业务主管人员深入了解"单一窗口",并在监管工作中给予重庆"单一窗口"大力支持。二是要加大面向各类外贸企业、报关货代物流企业、口岸经营单位、口岸监管单位、金融服务企业的分类精准培训,扩大应用普及效果。重点是进行实际操作流程、特色功能等方面应用的培训,使相关用户企业更快接受重庆"单一窗口",进一步提升平台应用率。三是要面向外贸企业、金融服务企业开展培训,一方面使重庆"单一窗口"地方特色功能得到广泛应用,另一方面实施以问题为导向的创新,加快重庆"单一窗口"的特色功能建设。四是要加强"单一窗口"的中长期发展研究,对标国际标准和国家顶层设计,同步拓展开发新功能,满足贸易投资发展的未来需要。五是要按照重庆市对地方版"单一窗口"公共性、时效性、统一性、开放性、创新性的定位要求,推动口岸与物流之间的协同,加强"单一窗口"主管部门与口岸监管、服务单位之间的沟通协调,使之真正成为增加贸易流量、培育产业优势、拓展对外服务的重要平台。

2.以降低故障率为重点强化保障

建立完善的运维保障体系。一是及时发现和预防问题,采取"人防+技防"的方式,尽量防患于未然。通过"技防"对系统运行情况进行全面检测预警,建立预警模型,判断故障可能出现的征兆、趋势并进行预测。通过设立观察员、专职运维人员等方式,密切关注系统异常情况,目的是先于企业发现问题。二是快速响应企业报送的故障。畅通与企业故障信息共享的机制,及时接受、响应故障信息。与市级相关监管部门和国家口岸办、中国电子口岸数据中心建立畅通的故障信息共享和沟通机制。三是及时处理反馈故障信息。针对各种来源的故障信息,地方版的由重庆电子口岸中心快速处理,涉及标准版的,及时报送故障,并密切跟踪,对于处理时间过长的需要迅速升级故障通报和处理。故障解决后及时通报。

3. 以降本增效为宗旨不断拓展业务

虽然"单一窗口"很多功能实现了降本增效的目标,但同时也应该看到,还有一些已经上线的功能,在节约成本、提高效率方面表现不尽如人意。一是物流协同是重庆"单一窗口"重点打造的内容,但是实际应用率还不够,建议打造全市共享共用的公共物流信息平台,升级现有物流协同功能,将物流"降本增效"落到实处。在"单一窗口"建设中加强与各监管单位、报关企业、物流运输公司、监管场所经营人等各方面的对接沟通,探索建立国际物流和口岸通关全程动态系统,实现物流信息全程"进度可见、时间可测、成本可控"。二是加快出口退税功能的准备工作。目前国税局尚未确定退税功能接口,而企业通过重庆国税局的"电子税务局"办理退税效率也不低,因此"单一窗口"建设需要与重庆市税务局共同研究开发税务综合服务平台,为进出口企业提供"单一窗口+税务"全新服务,基于重庆"电子税务局"现有作业模式,通过加载"单一窗口"为企业加快退税进度,提高资金使用效率。三是在处理加工贸易业务时,"互联网+海关"和"单一窗口"并行相同功能,导致"单一窗口"应用率不高,"单一窗口"应充分考虑整合加工贸易前后端业务,使企业在"单一窗口"办理加工贸易业务的成本低于"互联网+海关",以此吸引企业到"单一窗口"办理业务,实现"单一窗口""一站式"办理的愿景。四是建议国家口岸管理办公室(简称"国口办")加快与非洲国家原产地证电子信息联网核查进度和加大对接合作力度。

4.以首创引领为指引保持全国前列

随着业务的发展,各省区市对"单一窗口"日渐重视,对其相关业务的研究也逐步深入。重庆需要继续深挖业务需求,不断创新,特别是在通关作业流程简化、便利化,物流信息平台、大数据智能化应用,金融创新探索等方面,还有很大的创新空间。需要用新的业务来保持重庆"单一窗口"在全国的领先地位。积极吸引沿海省市等外地进出口贸易报关注入重庆,把重庆"单一窗口"打造成为融口岸、物流、金融为一体的共生发展生态体系,向企业公布接口标准,鼓励和支持供应链相关各方接入"单一窗口",基于"单一窗口"拓展功能,创新业务,形成"平台的平台"。

5.积极探索区块链技术的应用

在重庆市港口、航运、铁路和口岸之间构建跨境多式联运体系,推进"单一窗口"建设,形成多主体分布式记账、信息实时更新和互联互通机制,强化国际贸易数据的安全性和真实性,大幅度提升中欧班列(重庆)、国际陆海新通道和长江水运五定班轮运行效率。探索研究区块链技术在重庆"单一窗口"的应用场景和技术可行性,落实好中新海关"单一窗口"联合工作组第三次会议所确定的合作项目,加快建立跨境跨区域的区块链联盟链,适时与市级大数据发展管理部门共同探索推进区块链在"单一窗口"的创新应用,提供泛在、开放、可信、安全、定制的区块链服务,为推动口岸、物流、金融融合发展提供有力支撑。

6.以精简便利为方向砍掉冗余功能

2017年10月重庆"单一窗口"上线时整合了原电子口岸服务、原海关和检验检疫的十余项功能,2018年8月关检融合后,原海关和原检验检疫分别开发的多数功能失效。因此,我们建议,一是对于后续其他功能有帮助的功能,予以整合改造使用;二是确实已失效的功能予以取消。

(二)创新改进机制,促进"单一窗口"快速发展

把建设和完善"单一窗口"作为加快重庆市内陆开放高地建设的基础工程抓紧做实,落实党中央、国务院和市委市政府对"单一窗口"建设的严格要求,把便捷高效的"单一窗口"作为内陆开放高地建设的核心内容,从而推动形成内陆全面开放新格局。

1.高度重视,高质量发展

把"单一窗口"作为未来申报和建设内陆自贸港的一个必要条件和主要基础设施建设,有效发挥其掌握众多第三方信息的优势,从而实现企业进出口业务不必申报、政府又能有效监管的高标准自由贸易。各级领导高度重视探索内陆开放高地,特别是内陆开放信息高地高质量发展之路。

2.创新机制,保障经费

一是借鉴上海、广东、福建等发达地区先进经验,建议市财政每年对"单一窗口"建设实施切块经费保障,并调整现有申报立项机制。二是探索"公共性+灵活性"相结合的建设模式,即由电子口岸中心或西部陆海新通道物流和运营组织中心(事业单位)建立专业团队运营,一方面作为事业单位,代表重庆市政府口岸和物流办公室履行公共职能,代表政府的公共性;另一方

面采取灵活的建设运营和人员薪酬机制,组建业务精深、响应快速的技术团队,迅速解决问题,满足企业需求。

3. 人才战略,高效激励

在"单一窗口"建设领域落实人才战略,充分挖掘应用国家对人才方面的激励政策,积极争取人社局人才政策,创新人才应用机制,大力激发专业人才潜力。一是借鉴重庆市中新示范项目管理局、市应急管理局先进经验,探索聘任制公务员在"单一窗口"领域的试点,采取"职位+高薪"的方式激发高层次人才发挥作用。二是在重庆市有突出贡献的中青年专家、重庆市学术技术带头人等人才培养选拔中,对相关领域高层次人才予以支持。三是加大人才再教育支持力度。支持专业人才继续学历深造;按照《国家中长期人才发展规划纲要(2010—2020年)》,规划期内每年都组织实施一批全国高级研修项目和市级研修项目,择优支持针对外贸、报关物流、金融等企业开展的精准培训。四是落实高层次人才优惠政策。按人才服务证制度,为高层次人才提供居留签证、落户、配偶子女就业、医疗、子女入学(托)、职称评审、岗位聘用等多项服务。

4. 整体规划,分步建设

根据国家大政方针、市委市政府战略发展要求,紧密围绕内陆开放高地建设,统筹各方面需求,做好三个"有机结合":着眼长远和立足现实的有机结合,国家标配和地方特色的有机结合,"单一窗口"公共平台和各类企业及监管部门平台的有机结合。深入研究,制定切实可行的全市"单一窗口"平台发展规划,分步有序推进项目建设工作。

总之，国际贸易"单一窗口"有力助推了我国国际贸易监管体系与国际接轨，目前已经成为我国打造国际一流营商环境的突破口和重要抓手。通过"单一窗口"建设，能够极大提高国际贸易供应链各参与方系统间的互联互通，进一步促进政府职能转变，优化口岸管理和服务机制，释放更大的改革红利。中国（重庆）国际贸易"单一窗口"经历了从无到有的艰难蜕变，并取得了卓越的成绩，在全国产生了较大的影响，但同样存在诸多问题。在全国营商环境建设"不进则退"的大形势下，重庆在建设"单一窗口"的进程中只有继续扬鞭奋蹄，才能在未来区域性"单一窗口"的竞争大潮中赢得优势。"单一窗口"建设永远在路上。

参考文献

[1]国家口岸管理办公室.国际贸易单一窗口：上册[M].北京：中国海关出版社，2016.

[2]国家口岸管理办公室.国际贸易单一窗口：下册[M].北京：中国海关出版社，2016.

[3]《中国国际贸易单一窗口建设年鉴（2018）》编委会.中国国际贸易单一窗口建设年鉴（2018）[M].北京：中国海关出版社，2019.

[4]王伟.贸易单一窗口对中国出口竞争力的影响研究[M].北京：对外经济贸易大学出版社，2017.

[5]胡涵景，张荫芬，李小林.国际贸易便利化与单一窗口概论[M].北京：电子工业出版社，2015.

[6]陈忠,王华玲.国际贸易单一窗口知识[M].福州:海峡文艺出版社,2018.

[7]孟朱明.联合国国际贸易单一窗口教程[M].北京:中国商务出版社,2012.

[8]张荫芬,胡涵景.国际贸易单一窗口实施指南[M].北京:电子工业出版社,2015.

[9]曹子瑛.美国贸易便利化改革研究:2008—2016[M].北京:社会科学文献出版社,2017.

[10]上海市人民政府发展研究中心.提升投资贸易便利化水平,构建开放型经济新体制:2016上海国际智库咨询研究报告[M].上海:格致出版社,上海人民出版社,2017.

[11]杨莉.中国贸易便利化改革的成本与利益分析[M].北京:经济管理出版社,2011.

重庆市开放平台协同发展规划
(2018—2020年)

CHONGQING SHI KAIFANG PINGTAI

XIETONG FAZHAN GUIHUA

(2018—2020 NIAN)

重庆市开放平台协同发展规划（2018—2020年）

(2018年5月)

在党中央、国务院的大力支持下，重庆已初步形成"1277"国家级开放平台体系。"1"指两江新区；"2"指中国（重庆）自由贸易试验区（以下简称重庆自贸试验区）、中新（重庆）战略性互联互通示范项目（以下简称中新互联互通项目）；第一个"7"指重庆高新技术产业开发区、重庆经济技术开发区、万州经济技术开发区、长寿经济技术开发区、璧山高新技术产业开发区、荣昌高新技术产业开发区、永川高新技术产业开发区；第二个"7"指两路寸滩保税港区、西永综合保税区、江津综合保税区3个海关特殊监管区域，铁路保税物流中心（B型）、南彭公路保税物流中心（B型）、万州保税物流中心（A型）3个保税监管场所，以及重庆检验检疫综合改革试验区。为贯彻落实开放平台体系功能协同、国际贸易通关协同、政策创新复制推广协同、一体化综合监管协同等协同发展要求，聚焦平台间条块分割、同质发展等问题，整合要素资源，扩大政策叠加效应，实现全市开放平台相互支撑、提质增效，特制定本规划。

---

*课题指导：吴家农。课题组组长：马明媛。课题组副组长：江成山（主笔）。课题组成员：李小东、刘杰、熊遥、王会。

一、开放平台协同发展基础与问题

（一）开放平台协同发展基础

开放平台体系基本成型。经过多年发展积累，重庆初步形成由两江新区、3个国家经济技术开发区、4个国家高新技术产业开发区构成的产业集聚平台体系，由3个海关特殊监管区域、3个保税监管场所、重庆检验检疫综合改革试验区等构成的口岸和保税平台体系，由重庆自贸试验区和中新互联互通项目2个开放型经济综合改革试验平台构成的制度创新平台体系。

平台互联互通性逐步增强。果园港进港铁路专用线开通，助推铁水联运加快发展，新田、龙头等港口功能不断完善，长江已成为中国内陆进出口的东向大通道。中新互联互通项目南向通道建设取得重大进展，渝桂黔陇四省（区、市）签署《合作共建南向通道框架协议》和《关检合作备忘录》，"渝黔桂新"南向铁海联运通道实现常态化运行，开通渝甬、渝武东向铁海联运通道。南彭公路物流枢纽初具规模，面向东南亚开行货运班车。兰渝铁路全线贯通，中欧班列（重庆）运行效率提升，西向国际物流通道更加顺畅。经满洲里等口岸的北向国际物流通道试运行。开放平台间的互通性进一步改善。

平台协同监管模式不断优化。建成重庆国际贸易"单一窗口"，重庆海关关区内监管现场卡口数据实现标准统一和共享，协调铁、公、水、空多式联运自由转换。全面融入全国检验检疫一体化，在中西部率先打破区域、机构阻隔，探索"通报、通检、通放"方式,建立进口食品"空检铁放"监管模式。创新监管机制,压缩口岸通关作业环节,整合各口岸作业现场,合理安排设施设备,在通关环节做"减法",在监管效能上做"加法"。

平台产业协同发展成效初显。协同招商机制逐步建立,组织平台间产业对接和联合招商活动,探索运用市场化手段拓展招商引资新途径,推动招商信息在平台间互通共享。加工贸易协同发展取得成效,两路寸滩保税港区和西永综合保税区共同建设进项料件物流分拨配送、出项产成品集拼发运的协作体系。开放平台成为全市开放型经济发展的主战场,两路寸滩保税港区和西永综合保税区进出口总额占全市近6成。

(二)开放平台协同发展存在的问题

平台功能定位趋同化。开放平台规划统筹不够,导致平台之间规划衔接不到位,各平台功能定位较为雷同。平台主导产业选择过多,特色不鲜明。口岸类平台承担过多的内向型产业功能,战略性新兴制造业和服务业有重复布局的趋势。规划重产业和开放功能,轻城市和社会服务功能,产城融合不够的问题突出。

信息、政策孤岛现象突出。国际贸易"单一窗口"已上线32项功能,但是功能尚存在拓展空间,应用的深度和广度还需深化,运维保障能力待提高。开放平台在金融政策、国际贸易投资便利化等方面的集成创新力度不够,政策叠加效应未充分显现。"一区多园"软扩张导致政策的空间泛化和政策优势弱化。

平台同质化竞争激烈。海关特殊监管区域和各开发区均将电子信息、装备制造、节能环保、新材料、总部经济、新型金融、服务贸易等作为主导产业进行招商引资,各平台依然将优惠政策、低价土地作为惯用的比拼砝码。高新区和经开区发展方式趋同,呈现招商为主、孵化为辅,大企业为主、小企业为辅的态势。

平台枢纽集聚功能弱。全市铁路建设滞后、标准较低,客货混行且以客运服务为主,导致干线货运能力弱,进港铁路建设滞后,"最后一公里"问题突出。作为长江经济带发展最大阻碍之一的三峡船闸"肠梗阻"问题长期难解,水运低成本优势未完全发挥。全市仅有2个正式开放口岸,果园港尚未正式开放,国际物流功能薄弱。

协同管理体制未理顺。开放平台管委会与辖区政府的经济社会管理权限划分不统一,边界模糊。行政审批一体化水平不高,政务服务的网络化、自主化水平有限。出口退税时间较长。

二、总体要求

(一)指导思想

坚持以习近平新时代中国特色社会主义思想为指导,深入贯彻党的十九大精神,全面落实习近平总书记视察重庆重要讲话和参加重庆代表团审议时的重要讲话精神,紧扣习近平总书记对重庆提出的"两点"定位、"两地""两高"目标和"四个扎实"要求,以全局谋划一域,以一域服务全局,着力构建各类开放平台协同发展体制机制,以开发区为核心推动产业质量变革,以口岸和保税平台为核心推动贸易效率变革,以制度创新平台为核心推动发展动力变革,加快推进先行先试政策红利释放,实现开放平台"功能协同、贸易协同、政策协同、监管协同"发展新格局,全面提升开放型经济发展质量和效益。

(二)基本原则

坚持统筹发展。完善开放平台空间布局和数量规模,加强开放平台分类指导,明确功能定位和发展导向,建立考核评价体系,以目标为导向激励开放平台特色化、差异化发展,形成布局合理、功能协调的开放发展格局,切实提高全市开放型经济整体发展质量和效益。

坚持联动发展。补齐基础设施短板,促进平台互联互通。推动口岸"三互"大通关建设,共建共享国际贸易功能系统。完善开放平台协同招商机制,组建全市开放平台联合招商团队,推动招商信息互通共享。探索发展口岸经济、"飞地经济",合作建设协同创新平台,建立开放创新政策一体化申报机制。

坚持错位发展。明确产业集聚、口岸保税、制度创新等各类平台的主体功能和发展定位,引导开放平台错位发展。优化开放平台产业布局,形成各自在全市对外开放体系中的特色定位,实现差异化发展。鼓励开放平台之间在产业链的不同环节分工协作,实现资源优化配置和整体效益最大化。

坚持示范引领。充分利用实施重庆自贸试验区、中新互联互通项目、跨境电子商务综合试验区、检验检疫综合试验区、贸易多元化试点等国家级开放试点的契机,加大制度创新力度,强化试点经验的集成和复制推广,对评估效果好、风险可控的政策、制度、经验做法、典型案例,及时向有条件的开放平台推广实施。

坚持辐射带动。充分发挥国家级开放平台的集聚辐射功能,鼓励向其他市级开发区、工业园区、科技园区、农业园区输出品牌、人才、技术、资金和管理经验,按照优势互补、产业联动、市场导向、利益共享的原则,合作共建开发区,引导各级各类开放平台良性互动发展。

(三)主要目标

到2020年,全市开放平台发展定位更加精准、产业特色更加鲜明、管理体制更加完善、政策红利广泛共享,成为内陆开放高地建设的核心支撑。

开放平台体系功能更加协同。开放平台体系更加完善,国家级开发区增加2个;对外开放口岸新增2~3个,服务货物贸易的指定口岸功能达到13项,服务出入境人员的指定口岸功能达到5项。平台规划衔接长效机制确立,主体功能更加突出,各平台功能错位互补,实现开放平台系统整体功能最大化。

国际互联互通水平大幅提升。国际多式联运体系初步形成,中欧班列(重庆)市外货运量比重达到45%,重庆至深圳、重庆至北部湾等铁海联运通道常态化运行,集装箱铁水中转量占港口吞吐量10%,开通国际航线达到100条左右,重庆机场市外货物周转量占比达到30%,口岸出入境人员、进出口货运量居西部内陆前列,基本建成内陆国际物流枢纽和口岸高地;国际贸易"单一窗口"覆盖报关报检、口岸作业、出入境运输全流程。

协同发展体制机制更加完善。投资、贸易、金融结算便利化达到较高水平，重庆检验检疫综合改革试验等制度创新取得突破，创新经验广泛复制共享；探索陆上贸易规则实现新突破；口岸物流成本下降，通关时间缩短，智能化水平提升；开放平台监管更加高效，法治化、国际化、便利化营商环境基本形成。

三、开放平台体系功能协同

明确各类开放平台在全市开放大局中的核心功能定位及作用，实现错位协调发展，全面支撑重庆内陆开放高地建设。

（一）明确各类平台的功能定位

突出产业功能平台的战略性新兴产业集聚和创新功能，口岸和保税功能平台的开放窗口功能，以及制度创新平台的制度先行先试和政策复制功能。

突出产业集聚平台核心功能。以两江新区、国家级高新区、国家级经开区为核心载体，集中布局战略性新兴制造业、服务业集群，承担重庆产业升级任务。集聚科技创新要素，提升创新孵化和自主创新能力，建成国家自主创新示范区窗口。依托"两种资源""两个市场"，不断提升产业外向度，打造开放引领高地。加快产城融合发展，提升综合服务功能。围绕优化产业发展环境进行制度创新。

专栏1 产业集聚平台功能定位

开放平台	战略定位	核心功能
两江新区	内陆国际物流枢纽和口岸高地、内陆地区对外开放的重要门户、内陆开放型体制机制创新先行区、内陆外向型高端产业发展集聚区、内陆国际物流中心、内陆现代金融中心、内陆科技创新示范中心。	优化提升支柱产业，转型发展优势服务业，加快发展特色产业，创新发展战略性新兴产业，构建开放的现代产业体系和开放创新引领区。
重庆高新技术产业开发区	创新驱动引领区、军民融合示范区、科技体制改革试验区、内陆开放先导区，打造具有重要影响力的西部创新中心。	着力建设技术创新、新型产业、制度创新体系和创新创业生态系统，激发市场主体活力，全面推进对内对外开放。
璧山高新技术产业开发区	国家先进装备制造业生产基地、军民融合产业示范基地、西部地区创新示范基地。	
荣昌高新技术产业开发区	国家农牧科技产业化基地、国家轻工陶瓷产业基地。	
永川高新技术产业开发区	国家新型工业化示范基地、国家工业机器人高新技术产业化基地、国家双创示范基地、国家科技服务业区域示范区。	
重庆经济技术开发区	国家一流经济技术开发区、重庆产业协同创新的示范窗口、重庆开放引领高地、信息产业和智能制造高地。	提升招商项目质量，做强战略性新兴产业；强化创新驱动，做精传统优势产业；完善公共服务功能，做优现代服务业，实现产城融合发展，努力成为吸引外资的领头羊，绿色发展的示范区。
万州经济技术开发区	长江上游重要临港产业基地、渝东开放门户。	
长寿经济技术开发区	全国一流经济技术开发区、国家新材料产业基地、重庆工业高地。	

完善口岸保税平台核心功能。强化口岸作业、保税加工、保税物流、保税贸易基础功能，支持平台间口岸、保税功能协同，扩大辐射区域，建成国际物流枢纽和对外开放的门户。充分利用

临港优势,积极发展口岸经济,鼓励发展国际物流配送、转口贸易、总部贸易、跨境电子商务、离岸金融结算等新业态,围绕口岸和保税功能完善升级、通关物流效率提升、国际多式联运、临港产业发展推进制度创新,实现与国际贸易规则的接轨融合。

专栏2　口岸保税平台功能定位

开放平台	战略定位	核心功能
两路寸滩保税港区	建设以智能终端产业集群为基础的加工贸易创新发展基地、以"保税+"产业集群为重点的服务贸易集聚示范基地、以"水、空、铁、公"多式联运为核心的内陆国际物流基地,打造内陆地区对外开放示范窗口。	推进特殊监管区域整合优化,加快形成管理规范、通关便捷、用地集约、产业集聚、协调发展的格局;完善政策和功能,促进加工贸易向产业链高端延伸,延长增值链条;鼓励加工贸易企业向特殊监管区域集中,发挥特殊监管区域的辐射带动作用,使其成为引导加工贸易转型升级、承接产业转移、优化产业结构、拉动经济发展的重要载体。
西永综合保税区	辐射中西部的综合型(制造、研发、维修、物流、贸易、结算)保税区。	
江津综合保税区	重庆西北向和南向大通道的重要开放引擎和加工贸易基地。	

集成制度创新平台核心功能。围绕投资、贸易、金融结算便利化和国际互联互通,先行先试,开展制度创新和政策创新,强化政策、制度创新的集合复制推广,努力打造开放型经济新体制的风险压力测试区、改革系统集成的先行区、开放平台协同发展区。着力建设以货物贸易为基础的内陆国际贸易中心、以多式联运为核心的内陆国际物流中心、以金融结算便利化为抓手的现代金融中心、以互联互通为目标的现代服务业运营中心和以国际贸易"单一窗口"为平台的"大通关"便利化口岸高地。

专栏3 制度创新平台功能定位

开放平台	战略定位	核心功能
重庆自贸试验区	"一带一路"和长江经济带互联互通重要枢纽、西部大开发战略重要支点。	打造开放型经济新体制的风险压力测试区,改革系统集成的先行区,开放平台协同发展区。
中新互联互通项目	西部地区领先的互联互通和服务经济中心,"高起点、高水平、创新型"的示范性重点项目和中新合作的新亮点。	建成国家"一带一路"建设、西部大开发和长江经济带发展的示范性重点项目,带动西部地区开放发展。

(二)平台体系优化与互补协同

加快推进国家级开发区申报创建,积极争取布局海关特殊监管区域,因地制宜发挥开放平台辐射作用,实现各类开放平台相互补位、相互支撑、协同发展。

优化开放平台体系。支持铜梁、潼南等市级高新区申报国家级高新区。争取大足工业园区升级为国家级经开区,推进万州经开区扩容。争取尽早设立涪陵综合保税区和果园港保税物流中心(B型)。加快江津综合保税区建设。推进重庆铁路临时口岸、万州机场正式对外开放,探索推动果园港申建多式联运综合开放口岸,推进丰都港、万州新田港水运口岸开放,争取在渝布局生物制品和首次进口药品口岸功能。关闭不符合环保要求、运量标准、无经济效益的口岸作业区域。

促进开放平台功能互补延伸。拓展水运口岸、铁路口岸、航空口岸的功能,培育壮大进口主体,采取共用查验设施的方式,充分发挥现有各类指定口岸查验设施的作用,促进开放平台提能增效。加快铁路口岸进境植物种苗指定口岸建设,争取早日投入使用。加快进境木材集中监管区建设,扩大木材进口量。探索将功能相近、区块相邻的开发区进行整合或按"一区多园"模式实行托管。

四、国际贸易通关协同

加快完善铁、公、水、空立体发展的综合国际物流网络体系,推进建设国际贸易物流信息大平台,探索陆上贸易新规则,打造贸易畅通集散地。

(一)加快建设多式联运物流枢纽

完善多式联运港站枢纽体系,建设多式联运运行示范基地,推进果园港铁水联运工程建设,加快建设国际多式联运监管中心,拓展口岸功能,打造多式联运国际贸易枢纽。

建设多式联运港站枢纽体系。加快推进枢纽东环线建设,构建航空物流园、西部现代物流园、寸滩—果园港—东港、南彭贸易物流基地四大物流枢纽高效串联的专用通道。加快建成果园、珞璜、龙头、新田四大多式联运枢纽港区,统筹规划港区基础设施,形成功能定位明确、多式联运衔接顺畅、国际开放水平高的枢纽港区体系。推进港站枢纽联络线建设,重点加快进港铁路、公路连接线建设,逐步实现"千亿级工业园区、百万吨级货运枢纽"基本通铁路,着力解决"最后一公里"问题。

大力发展多式联运运输方式。加快推进重庆各大物流枢纽与示范基地之间的基础设施互联互通、物流信息互通,借鉴国际先进管理经验,科学规划基地功能布局和运营模式,打造跨运输方式、跨枢纽间的多式联运作业信息平台,实现铁、公、水、空多种运输方式间的自由换装、自由拆箱、集拼作业等服务功能,培育发展多式联运经营主体,创新多式联运商业模式,形成辐射带动中西部、服务配套国内外的国际化、便捷化、示范性的多式联运服务中心。

专栏4　多式联运体系建设重点项目

> 多式联运信息共享服务平台:依托国际贸易"单一窗口",构建多式联运信息共享服务平台,采用智能关锁、无线射频识别、全球卫星定位等物流信息技术,提供资质资格、认证认可、检验检疫、通关查验、税收征缴、信用评价等一站式服务。
>
> 多式联运智能化应用工程:鼓励企业应用吊装、滚装、平移等快速换装转运智能设备;推广应用物联网、移动信息服务、导航集成系统等新技术,提高仓储管理智能化水平;引导企业建立全程"一次委托"、运单"一单到底"、结算"一次收取"的服务方式,支持企业应用电子运单、网上结算等互联网服务新模式;引导企业开放枢纽站场、运力调配、班线计划等数据资源。

建设果园港国际多式联运示范工程。完成果园—东港港区功能升级和智慧港口建设,增强果园港中欧班列(重庆)第二始发站(港)功能。推进重庆东站至东港的铁路专用线建设,旅游船舶统一停靠至寸滩港,打造国际邮轮码头。充分利用果园—东港的地理区位优势和多式联运基础设施,集成铁、公、水多种口岸功能,推进建设国际多式联运监管中心,使之成为连通"一带一路"和长江经济带的国际多式联运物流枢纽,提升内陆对外开放能级。创造条件争取国家在重庆设立自由贸易港,依托国际物流枢纽开展大宗商品交易,延长国际贸易价值链。

专栏5　果园港区建设项目

果园港口岸综合功能提升工程：完善果园港口岸功能、保税功能，推进果园港与重庆江北国际机场、重庆铁路口岸、南彭贸易物流基地等重点物流节点间的通道建设，布局建设多式联运监管中心和国际物流分拨中心。

果园港基础设施建设工程：完善果园港"前港后园"规划布局，推动"智慧港口"建设，完善港区及周边配套设施，实现港口、产业、物流、城市融合共生。

果园港大宗商品交易中心：建设大宗商品交易平台和大宗商品交收（交割）仓库、堆场，完善金融、物流、人才配套体系，实现粮食、煤炭、钢材、矿石等大宗散货的线上线下交易、第三方支付及供应链金融物流服务等功能。

国际多式联运监管中心：建设智能卡口、视频监控等监管设施，构建多式联运信息共享服务平台，建设全程货物追踪信息系统，实现卡口和信息管理系统相统一。推动建立多式联运标准体系，探索物流全程"一单制"，建立健全国际多式联运监管中心运行机制，整合监管资源，优化监管流程。

（二）构建开放协同的信息管理系统

拓宽国际贸易"单一窗口"应用范围和领域，优化完善系统功能，推进建设国际贸易物流信息大平台，实现贸易全链条信息共享和业务协同。

拓宽国际贸易"单一窗口"应用范围。积极组织报关企业开展业务、性能、压力测试，加强口岸单位和相关企业电子通关业务培训，逐步将有关职能部门的国际贸易监管和服务工作纳入国际贸易"单一窗口"集中开展，到2020年，重庆口岸企业通关成本下降20%以上。依托国际贸易"单一窗口"精简优化出口退税流程，加快出口退税进度。将物流金融创新平台国际贸易领域的基础性金融服务纳入国际贸易"单一窗口"的应用范围。加强系统运维，确保国际贸易"单一窗口"运行安全、稳定、高效。

拓展国际贸易"单一窗口"系统功能。完善国际贸易"单一窗口"信息化基础设施，启动2.0版建设，对接国际标准和国家标准，最大限度实现数据标准化。开发"一带一路"外贸数据分析和辅助决策功能，对接长江经济带主要省（市）国际贸易"单一窗口"，配合中新互联互通项目南向通道建设，实现更大范围业务协同。到2020年，全面建成政务服务、物流协同、数据服务和特色应用4大板块、40项功能，实现"一窗登录、一口申报、一网共享、一站办理、一键跟踪、统一反馈"目标。

加强物流贸易信息系统融合。依托相关平台，推动物流、航运、仓储、口岸监管、检测认证、检疫处理、金融服务等综合应用配套系统融合及信息共享。依托重庆国际贸易"单一窗口""联合查验、一次放行"系统，实现国际贸易"单一窗口"、互联互通物流信息平台以及国际电子贸易平台功能互联互通。在国家层面统筹下，对标国际最高水平，布局国际贸易新一代信息化基础设施。

建设智慧口岸。依托云计算、大数据、物联网、人工智能等技术，优化口岸基础资源配置，促进货物流、信息流、资金流交互。加快通关作业装备自动化进程，推进查验管理系统智能化和现代化。深化大数据技术在口岸运行风险分析、企业信用评估、金融服务、宏观决策等业务环节的应用。利用空间地理信息技术，推进口岸物流链智能化和动态空间展现。

专栏6　智慧口岸建设重点项目

> 建设智能作业场所、智能查验平台、智能信息系统等重点项目。包括建设航空口岸国际旅客自助通道,实现旅客出入境自助化;建设口岸智能作业场所,实现口岸作业自动化;建设口岸智能查验平台,实现查验工作智能化;建设全过程留痕、全链条追溯的监控体系,实现事中事后全监管;深化和拓展重庆国际贸易"单一窗口"项目,实现更加充分的信息共享。建设出入境旅行者国际旅行健康服务及风险预警决策系统,实现出入境旅行者健康服务智能化。建设实验室信息管理系统,实现实验室检测业务流程便捷化和报告证书无纸化、检测结果和报告及时传递。

(三)探索陆上贸易新规则

深化国际多式联运、贸易通关合作,争取各方协同构建陆上国际贸易新规则,为国际海陆贸易联动发展探索新规则。

深化国际贸易通关合作。支持完善与"一带一路"沿线各国海关、检验检疫、标准认证部门和机构之间的通关合作机制,实现信息互换、监管互认、执法互助。用好中欧、中新"经认证的经营者"(AEO)互认和中欧"安智贸"协定等合作项目,积极争取国家支持与"一带一路"沿线各国开展贸易供应链安全与便利化合作。

探索陆上贸易规则。全面创新中欧班列(重庆)铁路运输货物融资功能及规则,探索铁路提单标准化改革试点,突破传统铁路运单无法控货的局限,制定铁路提单的签发、流转和提货规则,赋予其控货功能和权利凭证属性。探索基于铁路提单的国际贸易、物流、融资、结算等陆上贸易规则,推动跨境铁路提单融资、结算便利化。推动在跨境铁路运输物权纠纷案件上形成司法判例,进而形成国际惯例,实现铁路运单物权化,与海运运单物权等效。

专栏7　陆上贸易规则"三步走"行动计划

> 第一步:创新铁路提单及配套规则,创设铁路提单国际信用证及配套融资产品,实施跨境铁路提单融资、结算的便利化和常态化。
> 第二步:推动在跨境铁路运输物权纠纷案件上形成司法判例,进而形成国际惯例,实现铁路运单物权化,与海运运单物权等效。
> 第三步:积极争取修改国际铁路货物联运协定,实现国际规则突破。

五、开放平台政策创新及复制推广

创新推进重庆自贸试验区和中新互联互通项目建设,积极争取国家级改革试验和政策支持,建立政策评估确认机制和共享政策储备库,加快成熟的创新经验和案例在平台间共享复制。

(一)创新推进重庆自贸试验区和中新互联互通项目建设

以制度创新为核心,协同推进重庆自贸试验区和中新互联互通项目,努力打造投资、贸易、金融结算便利化"三合一"的综合试验区。

创新推进重庆自贸试验区建设。立足"两点"定位、"两地""两高"目标,打造"四区"(投资、贸易、金融结算三位一体的综合试验区、开放型经济新体制的压力测试区、改革系统集成先行区、开放平台协同发展区),初步建成"一枢纽三中心一基地"(以多式联运为核心的内陆国际物流枢纽,以货物贸易为基础的内陆国际贸易中心、以金融结算便利化为抓手的功能性金融中心、以互联互通为目标的现代服务业运营中心,以科技创新为支撑的现代制造业基地)。用好国家赋予的改革自主权,全面废止和修订与负面清单不符的规章和规范性文件,扩大投资领域开放,放开专用车、新能源汽车等制造业和证券期货、保险、银行、医疗机构等服务业外资股比限制,进一步放开娱乐场所、加油站、旅行社等服务业领域的外资准入。强化"放管服"等改革系统集成和优化营商环境。在有条件的自贸试验区片区集成享受其他开放平台的创新试点政策,打造重庆自贸试验区升级版。

高标准实施中新互联互通项目。以"现代互联互通和现代服务经济"为主题,以重庆为营运中心,积极引进大型企业建设区域总部,围绕金融、航空、交通物流、信息通信等现代服务业领域,加快推动一批功能性、标志性项目落地,并以项目为依托探索政策创新,不断加强与新加坡的高水平互联互通合作,推动西部地区开放发展。

专栏8 重庆自贸试验区和中新互联互通项目建设

重庆自贸试验区深化"放管服"改革:推动自贸试验区全域实现"20证合一"。证照分离试点涉及审批和备案事项达到100项;国际贸易"单一窗口"共享数据实现标准化,监管流程和通关流程更加优化;区域识别系统稳定运行,识别率达到100%;实现全域行政审批、工商登记网审平台全覆盖,增加企业互联网在线报送资料及信息集成功能;全域新增注册市场主体达到6万户,占全市比重超过15%。

中新互联互通项目建设:拓展跨境融资通道项目,扩大中新跨境融资通道辐射范围。加强中新金融科技合作项目合作,争取中新金融科技合作示范区建设在2020年初见成效。加密"渝新快线",打造以重庆江北国际机场和新加坡樟宜机场为两极的"哑铃"结构,助推重庆国际航空枢纽建设。依托中新互联互通多式联运示范项目"1+1"运营平台,提升重庆物流发展软环境,打造设施高效衔接、枢纽转运快速、信息互联共享、装备标准专业、服务一体对接的多式联运示范基地。深入推动中新智慧城市建设合作试点项目,在试点区县(园区)围绕智慧楼宇、智慧交通、智慧医疗、智慧养老、智慧农业等领域,与新加坡有关政府部门、高校、企业进行全方位合作。

(二)积极开展政策创新试点

加强开放创新政策整体规划研究和申报实施,积极争取国家试点和政策支持,完善市级支持政策,进一步健全涵盖财税金融、产业投资等领域的开放发展政策体系。

积极争取外贸政策试点。用好国家平行进口整车试点政策。争取扩大免除查验没有问题外贸企业吊装移位仓储费用试点范围。争取国家支持,开展内陆地区国际结算中心政策试点。搭建银贸合作平台,鼓励和支持重庆市内商业银行等金融机构进一步扩大出口信用保险保单融资和出口退税账户质押等贸易融资规模。扩大人民币在跨境贸易和投资中的使用,帮助企业规避汇率风险。争取将保税港区纳入重庆汽车平行进口试点地区。在重庆自贸试验区开展好进口汽车整车保税仓储业务试点工作,支持在保税港区开展生物制品进口和首次药品进口业务。争取国家支持在重庆开展进口汽车符合性整改试点。

积极争取物流政策试点。争取国家支持"一带一路"沿线南亚、东南亚国家更多航线行使经重庆的第五航权,拓展国际航线网络,支撑重庆国际航空枢纽建设;争取国家支持将重庆空铁联运、中新互联互通项目南向通道纳入国家多式联运示范工程项目。加快重庆至上海江海直达船型的研发。

积极创新利用外资政策。在法定权限范围内制定出台招商引资优惠政策,支持对就业、经济发展、技术创新贡献大的项目投资。支持外商投资项目用地,继续对集约用地的鼓励类外商投资工业项目优先供应土地。允许外商投资企业参与承担科技计划项目,与内资企业同等适用研发费用加计扣除、高新技术企业、研发中心等优惠政策。深化政府采购改革,促进内外资企业公平参与政府采购招投标。支持外商投资企业拓宽融资渠道，依法依规在主板、中小企业板、创业板上市，在新三板挂牌，发行债券。积极推动外商向人文社会领域投资，开展教育、医疗领域外商投资试点。

支持"走出去"政策创新。积极争取国家相关部委、亚投行、国家丝路基金将中新互联互通项目框架下合作项目和其他"一带一路"重点建设项目纳入重大项目储备库。鼓励商业银行与实体企业联合"出海"，推动政策性金融机构增加对重点企业走出去的贷款额度，探索实践"外保外贷""外保内贷"等新型融资方式。对接"一带一路"沿线重点市场，探索设立境外股权投资基金，支持国资平台、龙头企业到境外开展收购、并购、控股、参股等项目投资。建立保险费用分担专项基金，针对不同类型投资分层次设定分担比例，鼓励企业投保境外投资风险。

加强税收管理与服务。推动重庆自贸试验区特殊税收业务先行先试，探索24小时自助办税服务厅、国际贸易"单一窗口"出口退税功能建设、出口退税无纸化试点等创新举措，最大限度便利自贸试验区纳税人。优化出口退税机制，提高出口退税效率，巩固和深化海关特殊监管区域企业增值税一般纳税人资格试点工作，用好启运港退税、境外股权投资和离岸业务、支持企业"走出去"政策以及西部大开发税收优惠政策，对开放平台内设立的主营业务符合西部大开发税收优惠条件的企业减按15%的税率征收企业所得税。

争取人才政策创新试点。研究制定开放平台外籍高层次人才认定办法，落实人才签证实施细则，明确外国人才申请和取得人才签证的标准条件和办理程序，对外籍高层次人才开辟"绿色通道"，简化手续，为高层次人才入出境、工作、在华停（居）留提供便利。允许获得硕士及以上学位的优秀外国留学生毕业后直接在开放平台工作,完善留学生实习居留、工作居留和创新创业奖励制度。支持开放平台与"一带一路"沿线国家的高校联合培养人才和开展人才交流合作,加快培养适合多、双边贸易投资的各方面人才。争取对高端人才引进给予个人所得税减免政策。

(三)加强改革集成与复制推广

加强创新经验评估总结,有序开展开放型经济自主改革探索经验的评估确认,将开放平台成熟的创新经验和案例分领域、分层级、分阶段向其他开放平台推广。

加强政策、制度创新的复制推广。加快复制推广全国其他自贸试验区改革试点经验,将重庆自贸试验区、中新互联互通项目创新经验和案例向全市其他开放平台加快复制推广。推动跨境电子商务综合试验区、构建开放型经济新体制综合试点试验和服务贸易创新发展试点等创新政策在具备条件的开放平台落地。充分利用开放平台工作观摩机制,促进创新成果交流。

专栏9 重庆自贸试验区部分复制推广经验

投资管理领域:负面清单以外领域外商投资企业设立及变更审批改革、税控发票领用网上申请、企业简易注销。

贸易便利化领域:推进国际贸易"单一窗口"免费申报机制、国际海关经认证的经营者(AEO)互认制度、出境加工监管、企业协调员制度、原产地签证管理改革创新、国际航行船舶检疫监管新模式、免除低风险动植物检疫证书清单制度。

事中事后监管措施:引入中介机构开展保税核查、核销和企业稽查、海关企业进出口信用信息公示制度。

海关特殊监管和检验检疫领域:一次备案多次使用、委内加工监管、仓储货物按状态分类监管、大宗商品现货保税交易、预检验和登记核销管理模式、海关特殊监管区域间保税货物流转监管模式。

建立政策、制度创新评估确认机制。鼓励开放平台自发性推进改革探索和政策创新，先行先试。建立合理的容错纠错机制，保护改革者、鼓励探索者，建立成功改革探索试验的评估和"事后追认"机制。评估总结内销选择性征税、一般纳税人试点资格、贸易多元化等试点措施，适时争取国家有关部委扩大试点。建立政策风险预警机制和应急管理联动机制。

建立有效政策、制度创新储备库。整合创新举措，制定政策共享共用清单，共同研究向国家部委争取的创新政策及举措，共同培育和总结提炼创新实践案例。明确专门机构或单位动态梳理和评估全国、全市各类开放平台的政策、制度创新案例，分类形成开放平台政策、制度动态储备库。

加快政策、制度创新成果向市级开发区推广。鼓励市级开发区、工业园区、科技园区、农业园区通过信息共享和观摩学习，在政策允许和权限范围内，复制推广国家级开放平台的外贸、外资、财税、土地、金融、人才奖励政策和制度创新成果。

六、开放平台监管协同

打破平台、区域行政监管界限，实行全域一体融合监管，完善产业合作联动机制，构建跨平台协同创新机制，促进开放平台高效、有序、协同发展。

（一）健全一体化监管体制

以国家海关、检验检疫机构改革为契机，加快关检业务深度融合,建立多式联运监管机制,构建综合一体、宽严适度、高效有序的新型协同监管体系。

根据国家关检机构改革后的制度流程变化,尽快形成原重庆检验检疫综合改革试验区评估方案,报海关总署审批后有序有效实施。

(二)完善产业合作联动机制

建立招商引资联动机制,培育引进高层次国际化市场主体,完善产业转移对接机制,激励平台产业分工合作,促进平台间产业链内聚延伸与耦合发展。

建立招商引资联动机制。统筹建立开放平台招商信息资源库,全面梳理各大平台的重点招商项目、政策,整体包装,统一对外宣传。组建全市开放平台联合招商团队,开展组团式招商,对有意向投资项目,根据项目产业类别、投资规模等情况初步确定落地园区,再组织平台共同开展洽谈。开放平台招商引资企业因其产业规划、土地等因素未能落户的,可推荐到其他平台,落户企业税收可异地共享。

建立产业转移对接机制。搭建市内开放平台产业转移对接平台,每年组织1~2次开放平台间产业对接活动,畅通产业转移沟通渠道。完善土地、财税等相关政策,引导主城区开放平台"腾笼换鸟",通过土地置换实现空间资源再开发,打造开放平台"升级版"。鼓励国家级开放平台与市级开发区之间,市内开发区与东部地区开发区之间,通过跨区域的行政管理和经济开发,合作共建"飞地"园区,拓展用地空间。

(三)构建协同创新机制

落实以大数据智能化为引领的创新驱动发展战略行动计划,协同推进创新载体建设,完善创新要素跨平台流动机制,促进开放平台联动创新和群体性突破。

构建平台协同创新合作机制。鼓励开放平台联合市内外知名高校和科研院所,共同组建国家工程实验室、国家工程(技术)研究中心、国家地方联合创新平台,合作引进新型研发机构。鼓励企业跨平台组建产业技术创新联盟、协同创新中心,做实产学研用协同创新,攻克一批关键共性技术,推进技术的群体性突破。

完善创新要素跨平台流动机制。建立开发区之间创新成果转移、共享、扩散机制,促进人才、资金、信息等创新要素在各开发区之间流动。依托科技服务大市场、科技要素交易中心、市联交所等交易平台,促进科技成果跨平台转移。引导开放平台的优质研发创新资源跨平台建立工作室、工作站、实验室。推动开放平台建立人才共同引进和使用机制,共享人才资源。

七、规划实施保障

强化组织领导。市委全面深化改革领导小组开放型经济体制改革专项小组负责具体研究制定开放平台协同发展的重要政策、战略措施、重点项目和行动方案,适时分类组织召开开放平台管委会主任联席会议,协调解决开放平台协同发展中的矛盾和问题,统筹推动项目建设、产业发展和开放平台基础设施互联互通、产业链协同、科技创新合作等方面的工作。

完善配套服务。加快完善开放平台及配套发展区域生活配套设施,解决入驻人员吃、住、行、就医、子女入学等实际问题,解决企业发展后顾之忧。进一步转变政府职能,简化审批程序,在行政审批、项目报建、工商登记、税收征管、资金保障、法律咨询等方面提供更加便捷、高效的系统服务。

强化监督执行。建立健全考评体系,围绕开放平台协同发展目标任务,列出年度重点督查项目,加大督查督办力度,对重点工作推进、重点项目实施、综合协调和政策落实等方面加强督促检查。

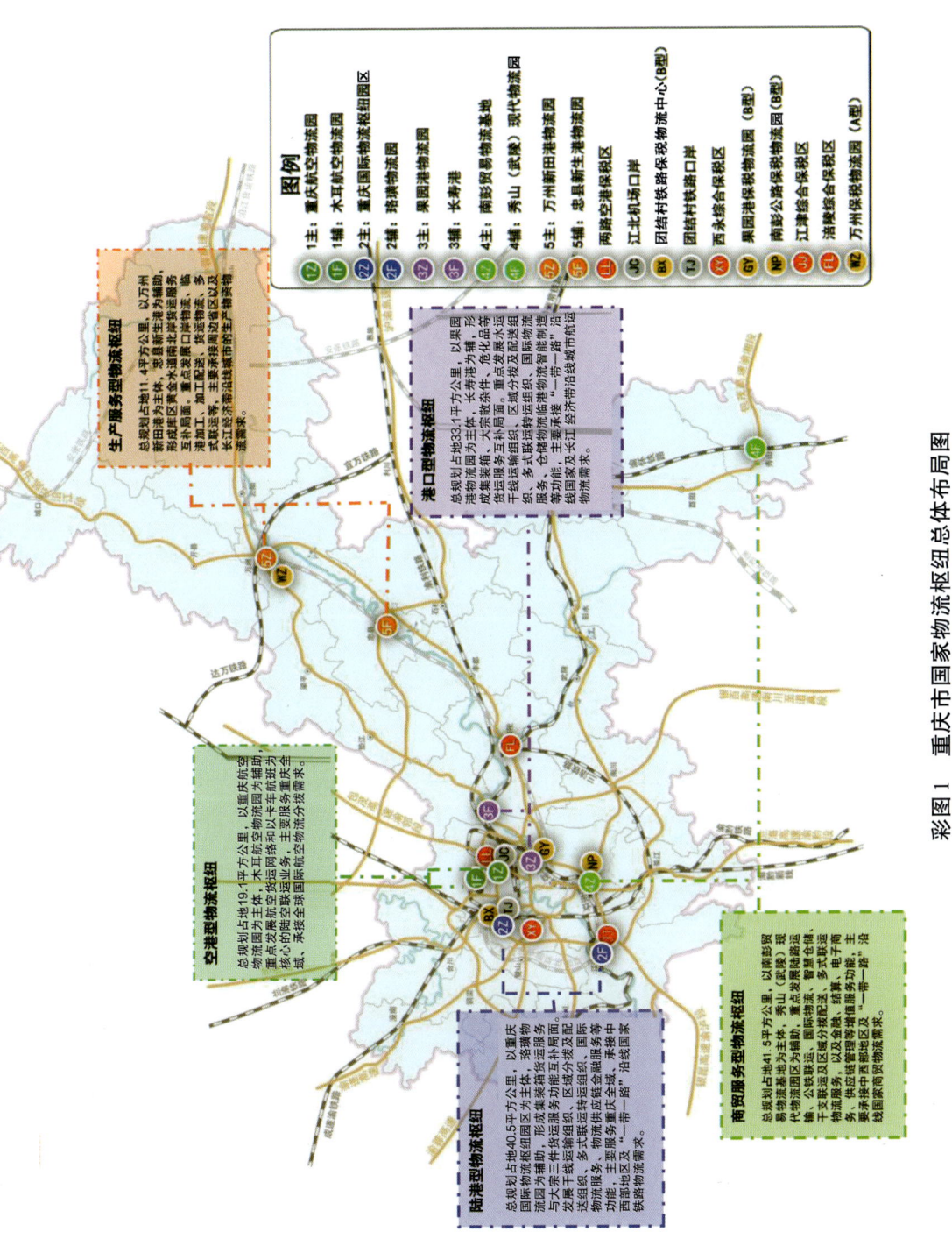

彩图 1 重庆市国家物流枢纽总体布局图